AF166186

# Le Drame Historique

## Émile Zola

Copyright © 2022 by Culturea
Édition : Culturea 34980 (Hérault)
Impression : BOD - In de Tarpen 42, Norderstedt (Allemagne)
ISBN : 9782385088811
Dépôt légal : Novembre 2022
Tous droits réservés pour tous pays

# LE DRAME HISTORIQUE

Les Mirabeau, le drame de M. Jules Claretie, viennent de soulever la grave question du drame historique moderne. J'ai lu à ce sujet, dans les feuilletons de mes confrères, des opinions bien étonnantes; je sais que ces opinions sont celles du plus grand nombre; mais elles ne m'en paraissent que plus étonnantes encore.

Ainsi, voici toute une théorie, qui, paraîtil, nous vient d'Aristote en passant par Lessing. Ce sont là des autorités, je pense, et qui comptent aujourd'hui, dans nos idées modernes. Donc la vérité historique est impossible au théâtre; il n'y faut admettre que la convention historique. Le mécanisme est bien simple: vous voulez, par exemple, parler de Mirabeau; eh bien, vous ne dites pas du tout ce que vous pensez de Mirabeau, vous auteur dramatique, parce que le public se moque absolument de ce que vous pensez, des vérités que vous avez acquises, de la lumière que vous pouvez faire; ce qu'il faut que vous disiez, c'est ce que le public pense luimême, de façon à ce que vous ne blessiez pas ses opinions toutes faites et qu'il puisse vous applaudir.

Voilà! Rien de plus amusant comme mécanique. Représentonsnous l'auteur dramatique dans son cabinet; il est entouré de documents, il peut reconstruire, planter debout sur la scène, un personnage réel, tout palpitant de vie; mais ce n'est pas là son souci, il ne se pose que cette question: «Qu'estce que mes contemporains pensent du personnage? Diable! je ne veux pas contrarier mes contemporains, car je les connais, ils seraient capables de siffler. Donnonsleur le bonhomme qu'ils demandent.» Et voilà la vérité historique tranchée au théâtre. Le théorème se résume ainsi: ne jamais devancer son époque, être aussi ignorant qu'elle, répéter ses sottises, la flatter dans ses préjugés et dans ses idées toutes faites, pour enlever le succès. Certes, il y a là un manuel pratique du parfait charpentier dramatique, qui a du bon, si l'on veut battre monnaie. Mais je doute qu'un esprit littéraire ayant quelque fierté s'en accommode aujourd'hui.

Cela me rappelle la théorie de Scribe. Comme un ami s'étonnait un jour des singulières paroles qu'il avait prêtées à un choeur de bergères, dans une pièce quelconque: «Nous sommes les bergères, vives et légères, etc.» il haussa les épaules de pitié. Sans doute, dans la réalité, les bergères ne parlaient pas ainsi; seulement, il ne s'agissait pas de mettre des paroles exactes dans la bouche des bergères, il s'agissait de leur prêter les paroles que les spectateurs pensaient euxmêmes en les voyant: «Nous sommes les bergères, vives et légères, etc.» Toute la théorie de la convention au théâtre est dans cet exemple.

Ce qui me surprend toujours, dans ces règles données pour un art quelconque, c'est leur parfait enfantillage et leur inutilité absolue. Rien n'est plus vide que ce mot de convention, dont on nous bat les oreilles. La convention de qui? la convention de quoi?

Je connais bien la vérité; mais la convention m'échappe, car il n'y a rien de plus fuyant, de plus ondoyant qu'elle. Elle se transforme tous les ans, à chaque heure. Elle est faite de ce qu'il y a de moins noble en nous, de notre bêtise, de notre ignorance, de nos peurs, de nos mensonges. Le seul rôle d'une intelligence qui se respecte est de la combattre par tous les moyens, car chaque pas gagné sur elle est une conquête pour l'esprit humain. Et ils sont là une bande, des hommes honorables, très consciencieux, animés des meilleures intentions, dont l'unique besogne est de nous jeter la convention dans les jambes! Quand ils croient avoir triomphé, quand ils nous ont prouvé que nous sommes uniquement faits pour le mensonge, que nous pataugerons toujours dans l'erreur, ils exultent, ils prennent des airs de magisters tout orgueilleux de leur besogne. Il n'y a vraiment pas de quoi.

Mais ils se trompent. La marche vers la vérité est évidente, aveuglante. Pour nous en tenir au théâtre, prenez une histoire de notre littérature dramatique nationale, et voyez la lente évolution des mystères à la tragédie, de la tragédie au drame romantique, du drame romantique aux comédies psychologiques et physiologiques de MM. Augier et Dumas fils. Remarquez qu'il n'est pas question ici du talent, du génie qui éclate dans les oeuvres, en dehors de toute formule. Il s'agit de la formule ellemême, du plus ou du moins de convention admise, de la part faite à la vérité humaine. Un rapide examen prouve que la convention au théâtre s'est transformée et s'est réduite à chaque siècle; on pourrait compter les étapes, on verrait la vérité s'élargissant de plus en plus, s'imposant par des nécessités sociales. Sans doute il existera toujours des fatalités de métier, des réductions et des à peu près matériels, imposés par la nature même des oeuvres. Seulement, la question n'est pas là, elle est dans les limites de notre création humaine; dire qu'une oeuvre sera vraie, ce n'est pas dire que nous la créerons à nouveau, c'est dire que nous épuiserons en elle nos moyens d'investigation et de réalisation. Et, quand on voit le chemin parcouru sur la scène, depuis les Mystères jusqu'à la Visite de Noces, de M. Dumas, on peut bien espérer que nous ne sommes pas au bout, qu'il y a encore de la vérité à conquérir, au delà de la Visite de Noces.

Cependant, lorsque je dis ces choses, cela semble très comique. Je ne suis qu'un historien, et l'on me change en apôtre. Je tâche simplement de prévoir ce qui sera par ce qui a été, et l'on me prête je ne sais quelle imbécile ambition de chef d'école. Tout ce que j'écris exclut l'idée d'une école: aussi se hâteton de m'en imposer une. Un peu d'intelligence pourtant suffirait.

Pour en revenir au drame historique, la question de la convention s'y présente justement d'une façon très caractéristique. Dans ces pages écrites au courant de la plume, je ne puis qu'indiquer les sujets d'étude qu'il faudrait approfondir, si l'on voulait éclairer tout à fait les questions. Ainsi rien ne serait plus intéressant que d'étudier la marche de notre théâtre historique vers les documents exacts. On sait quelle place l'histoire tenait dans la tragédie; une phrase de Tacite, une page de tout autre historien, suffisait; et làdessus l'auteur écrivait sa pièce, sans se soucier le moins du monde de reconstituer le milieu, prêtant les sentiments contemporains aux héros de l'antiquité, s'efforçant uniquement de peindre l'homme abstrait, l'homme métaphysique, selon la logique et la rhétorique du temps. Quand le drame romantique s'est produit, il a eu la prétention justifiée de rétablir les milieux; et, s'il a peu réussi à faire vivre les personnages exacts, il ne les a pas moins humanisés, en leur donnant des os et de la chair. Voilà donc une première conquête sur la convention, très certaine, très marquée. Et je n'indique que les grandes lignes; cela s'est fait lentement, avec toutes sortes de nuances, de batailles et de victoires.

Aujourd'hui, nous en sommes là. La pièce historique, qui n'était qu'une dissertation dialoguée sur un sujet quelconque, devient de jour en jour une étude critique. Et c'est le moment qu'on choisit pour nous dire: «Restons dans la convention, la vérité historique est impossible.» Vraiment, c'est se moquer du monde. Le pis est que les critiques pratiques qui donnent de pareils conseils aux jeunes auteurs, les égarent absolument. Il faut toujours se reporter à l'expérience, à ce qui se passe sous nos yeux. Nous ne sommes même plus au temps où Alexandre Dumas accommodait l'histoire d'une si singulière et si amusante façon. Voyez ce qui a lieu, chaque fois qu'on reprend un de ses drames: ce sont des sourires, des plaisanteries, des chicanes dans les journaux. Cela ne supporte plus l'examen, et cela achèvera de tomber en poussière avant trente ans. Mais il y a plus: les critiques qui sont les champions enragés de la convention, ne laissent pas jouer un drame historique nouveau, sans l'éplucher soigneusement, sans en discuter la vérité, tellement ils sont emportés euxmêmes par le courant de l'époque.

Que se passetil donc? Mon Dieu, une chose bien visible. C'est que nous devenons de plus en plus savants, c'est que ce besoin croissant d'exactitude qui nous pénètre malgré nous, se manifeste en tout, aussi bien au théâtre qu'ailleurs. Tel est le courant naturaliste dont je parle si souvent, et qui fait tant rire. Il nous pousse à toutes les vérités humaines. Quiconque voudra le remonter sera noyé. Peu importe la façon dont la vérité historique triomphera un jour sur les planches; la seule chose qu'on peut affirmer, c'est qu'elle y triomphera, parce que ce triomphe est dans la logique et dans la nécessité de notre âge. Prendre des exemples dans les pièces nouvelles pour démontrer que la vérité n'est pas commode à dire, c'est là une besogne puérile, une façon aisée de plaider son impuissance et ses terreurs. Il vaudrait mieux montrer ce que les pièces nouvelles apportent déjà de décisif au mouvement, appuyer sur les tâtonnements, sur les essais, sur tout cet effort si méritoire que nos jeunes auteurs, et M. Jules Claretie le premier, font en ce moment.

La question est facile à résumer. Toutes les pièces historiques écrites depuis dix ans sont médiocres et ont fait sourire. Il y a évidemment là une formule épuisée. Les gasconnades d'Alexandre Dumas, les tirades splendides de Victor Hugo ne suffisent plus. Nous sentons trop à cette heure le mannequin sous la draperie. Alors, quoi? fautil écouter les critiques qui nous donnent l'étrange conseil de refaire, pour réussir, les pièces de nos aînés que le public refuse? fautil plutôt marcher en avant, avec les études historiques nouvelles, contenter peu à peu le besoin de vérité qui se manifeste jusque dans la foule illettrée? Évidemment, ce dernier parti est le seul raisonnable. C'est jouer sur les mots que de poser en axiome: Un auteur dramatique doit s'en tenir à la convention historique de son temps. Oui, si l'on veut; mais comme nous sortons aujourd'hui de toute convention historique, notre but doit donc être de dire la vérité historique au théâtre. Il ne s'agit que de choisir les sujets où l'on peut la dire.

D'ailleurs, à quoi bon discuter? Les faits sont là. Notre drame historique ne serait pas malade, si le public mordait encore aux conventions. On est dans un malaise, on attend quelque oeuvre vraie qui fixera la formule. Faites des drames romantiques, à la Dumas ou à la Hugo, et ils tomberont, voilà tout. Cherchez plus de vérité, et vos oeuvres tomberont peutêtre tout de même, si vous n'avez pas les épaules assez solides pour porter la vérité; mais vous aurez au moins tenté l'avenir. Tel est le conseil que je donne à la jeunesse.

4

## II

M. Emile Moreau, un débutant, je crois, a fait jouer au Théâtre des Nations une pièce historique, intitulée: Camille Desmoulins. Cette pièce n'a pas eu de succès. On a reproché à Camille Desmoulins de présenter une débandade de tableaux confus et médiocrement intéressants; on a ajouté que les personnages historiques, Danton, Robespierre, Hébert et les autres, perdaient beaucoup de leur hauteur et de leur vérité; on a blâmé enfin le bout d'intrigue amoureuse, une passion de Robespierre pour Lucile, qui mène toute l'action. Ces reproches sont justes. Seulement, les critiques qui défendent la convention au théâtre, ont profité de l'occasion pour exposer une fois de plus leur thèse des deux vérités, la vérité de l'histoire et la vérité de la scène. Voyons donc le cas.

M. Emile Moreau, dit-on, a suivi l'histoire le plus strictement possible. Il a pris des morceaux à droite et à gauche, dans les documents du temps, et il les a intercalés entre des phrases à lui. Or, ces morceaux ont paru languissants. Donc, les documents vrais ne valent pas les fables inventées.

Voilà un bien étrange raisonnement. Certes, oui, il est puéril d'aller faire un drame à coups de ciseaux dans l'histoire. Mais qui a jamais demandé de la vérité historique pareille? Les documents vrais sont seulement là comme le sol exact et solide sur lequel on doit reconstruire une époque. La grosse affaire, celle justement qui demande du talent, un talent très fort de déduction et de vie originale, c'est l'évocation des années mortes, la résurrection de tout un âge, grâce aux documents. Comme Cuvier, vous avez une dent, un os, et il vous faut retrouver la bête entière. Ici, l'imagination, j'entends le rêve, la fantaisie, ne peut que vous égarer. L'imagination, comme je l'ai dit ailleurs, devient de la déduction, de l'intuition; elle se dégage et s'élève, elle est l'opération la plus délicate et la plus merveilleuse du cerveau humain. Donc, dans un drame historique, comme dans un roman historique, on doit créer ou plutôt recréer les personnages et le milieu; il ne suffit pas d'y mettre des phrases copiées dans les documents; si l'on y glisse ces phrases, elles demandent à être précédées et suivies de phrases qui aient le même son. Autrement, il arrive en effet que la vérité semble faire des trous dans la trame inventée d'une oeuvre.

Et nous touchons ici du doigt le défaut capital de Camille Desmoulins. Ce qui a eu un son singulier aux oreilles du public, c'est ce mélange extraordinaire de vérité et de fantaisie. J'ai lu que M. Emile Moreau se défendait d'avoir imaginé la passion de Robespierre pour Lucile; certains documents permettraient de croire à la réalité de cette passion. Je le veux bien. Mais, certainement, c'est forcer les textes que de baser sur le dépit de Robespierre la mort des dantonistes. Puis, quel étrange Robespierre, et quel

Danton d'opéracomique, et quel Hébert faussement drapé dans des guenilles! Tout cela est une fantaisie bâtie sur la légende révolutionnaire. On ne sent pas des hommes.

Je répondrai donc aux critiques que, si le drame de M. Emile Moreau est tombé, c'est justement parce que la fantaisie y règne encore en maîtresse trop absolue. Les demimesures sont détestables en littérature. Voyez le gai mensonge de la Dame de Monsoreau, reprise dernièrement au théâtre de la PorteSaintMartin, ce mensonge qui se moque parfaitement de l'histoire: comme il a une logique qui lui est propre, comme il est complet en son genre, il intéresse. Voyez maintenant Camille Desmoulins, dont certaines parties sont aussi fausses, et dont d'autres parties contiennent textuellement des documents: la pièce n'est plus qu'un monstre, le mélange manque d'équilibre et arrive à ne contenter personne. Tel est le cas. Il est d'une bonne foi douteuse, en cette affaire, de vouloir faire payer les pots cassés à la formule naturaliste.

Je conclurai en répétant que le drame historique est désormais impossible, si l'on n'y porte pas l'analyse exacte, la résurrection des personnages et des milieux. C'est le genre qui demande le plus d'étude et de talent. Il faut non seulement être un historien érudit, mais il faut encore être un évocateur nommé Michelet. La question de mécanique théâtrale est secondaire ici. Le théâtre sera ce que nous le ferons.

# III

Il me reste à parler de deux gros drames, la Convention nationale et l'Inquisition. Au Châteaud'Eau, la Convention nationale a tué par le ridicule le drame historique. En vérité, nos auteurs n'ont pas de chance avec l'histoire de notre Révolution. Ils ne peuvent y toucher sans ennuyer profondément ou sans faire rire aux éclats les spectateurs. Si l'on excepte le Chevalier de MaisonRouge, qui pourrait aussi bien se passer sous Louis XIII que sous la Terreur, pas une pièce sur la Révolution, qu'elle soit signée d'un nom inconnu ou d'un nom connu, n'a remporté un véritable succès. Et cela s'explique aisément: la Révolution est encore trop voisine de nous, pour que notre système de mensonge, dans les pièces historiques, puisse lui être sérieusement appliqué. Ce mensonge va librement de Mérovée à Louis XV. Puis, dès qu'ils entrent dans la France contemporaine, qui commence à 89, les auteurs perdent pied fatalement, parce que nous ne pouvons plus adopter leurs calembredaines romantiques sur une époque dont nous sommes. Aussi n'aton jamais risqué des drames historiques, en dehors du Cirque, sur Napoléon Ier, Charles X, LouisPhilippe, Napoléon III et les deux dernières Républiques. Le drame historique actuel, étant basé sur les erreurs les plus grossières, en est réduit à montrer au peuple l'histoire que le peuple ne connaît pas, uniquement parce qu'il peut alors la travestir à l'aise.

L'épreuve est concluante, la possibilité du mensonge s'arrête à la Révolution. Pour que le drame historique s'attaquât à notre histoire contemporaine, il lui faudrait renouveler sa formule, chercher ses effets dans la vérité, trouver le moyen de mettre sur les planches les personnages réels dans les milieux exacts. Un homme de génie est nécessaire, tout bonnement. Si cet homme de génie ne naît pas bientôt, notre drame historique mourra, car il est de plus en plus malade, il agonise au milieu de l'indifférence et des plaisanteries du public.

Quant à l'Inquisition, de M. Gelis, jouée au Théâtre des Nations, c'est un mélodrame noir qui arrive quarante ans trop tard. Cela ne vaut pas un compte rendu. Je n'en parlerais même pas, sans la mort terrible de M. Jean Bertrand, ce drame réel et poignant qui s'est joué à côté de ce mélodrame imbécile, et qui lui a donné une affreuse célébrité d'un jour.

On se souvient des espérances qui avaient accueilli M. Bertrand, à son entrée comme directeur au Théâtre des Nations. Il semblait que notre République ellemême s'intéressât à l'affaire; des personnages puissants patronnaient, disaiton, le nouveau directeur; on allait enfin avoir une scène nationale, on élèverait les âmes, on élargirait l'idéal, on continuerait 1830, mais un 1830 républicain, qui achèverait devant le trou du souffleur la besogne commencée à la tribune de la Chambre. Hélas! M. Bertrand dort aujourd'hui dans la terre, empoisonné.

C'était un honnête homme. Il avait cru à toutes les belles phrases, il arrivait réellement pour relever l'idéal avec des tirades patriotiques. Son idée était que notre jeune littérature attendait l'ouverture d'un théâtre républicain pour produire des chefsd'oeuvre. Et il s'était mis ardemment à la besogne. Quelques mois ont suffi pour le désespérer et le tuer. Toutes ses tentatives échouaient; Camille Desmoulins et les Mirabeau étaient bien empruntés à notre Révolution, mais le public ne voulait pas de notre Révolution accommodée à cette étrange sauce; NotreDame de Paris ellemême, qui aurait pu être une bonne affaire pour la direction, si elle s'était arrêtée à la cinquantième représentation, l'avait laissée, après la centième, dans des embarras d'argent. Jamais on n'a vu des ambitions plus généreuses aboutir si vite à une catastrophe plus lamentable.

On dit que M. Bertrand avait la tête faible, qu'il n'était pas fait pour être directeur et qu'il a quitté la vie dans un désespoir d'enfant malade. Savonsnous de quelles espérances on l'avait grisé? Il comptait sûrement sur beaucoup d'appuis, qui lui ont fait défaut au dernier moment. A force d'entendre répéter, dans son milieu, que la littérature dramatique mourait faute d'un théâtre ouvert aux nobles tentatives, à force d'écouter ceux qui vivent d'un idéal nuageux et pleurnicheur, cet homme s'était lancé, en faisant appel à toutes les forces vives, dont on lui affirmait l'existence. On sait aujourd'hui les forces vives qui lui ont répondu. Il n'était pas plus mauvais directeur qu'un autre, il avait mis sur son affiche le nom de Victor Hugo, celui de M. Jules Claretie; il faisait appel aux jeunes, il était en somme le directeur qu'on avait voulu qu'il fût. Sans doute, à la dernière heure, il aurait pu montrer plus d'énergie devant son désastre. Mais pouvonsnous descendre dans cette conscience et dire sous quelle amertume cet homme a succombé!

M. Bertrand ne s'est pas tué tout seul, il a été tué par les faiseurs de phrases qui se refusent à voir nettement notre époque de science et de vérité, par les chienlits politiques et romantiques qui se promènent dans des loques de drapeau, en rêvant de battre monnaie avec les sentiments nobles. S'il ne s'était pas cru soutenu par tout un gouvernement, s'il n'avait pas espéré devenir le directeur du théâtre de notre République, si on ne lui avait pas persuadé que tous les petitsfils de 1830 allaient lui apporter des chefsd'oeuvre, il ne se serait sans doute jamais risqué dans une telle entreprise. La vérité, je le répète, est qu'il a été la victime de la queue romantique et des hommes politiques qui songent à régenter l'art. Ceux dont il attendait tout, ne lui ont rien donné. C'est alors qu'il a perdu la tête devant cet effondrement du patriotisme, de l'idéal, de toutes les phrases creuses dont on lui avait gonflé le coeur; du moment que l'idéal et le patriotisme ne faisaient pas recette, il n'avait plus qu'à disparaître. Et il s'est tué.

Les autres vivent toujours, lui est mort. C'est une leçon.

# LE DRAME PATRIOTIQUE

## I

La solennité militaire à laquelle l'Odéon nous a conviés me paraît pleine d'enseignements. Pour moi, le très grand succès que M. Paul Deroulède vient de remporter avec l'Hetman prouve avant tout que le fameux métier du théâtre n'est point nécessaire, puisque voilà un drame en cinq actes, fort lourd, très mal bâti et complètement vide, qui a été acclamé avec une véritable furie d'enthousiasme.

Le cas de M. Paul Deroulède est un des cas les plus curieux de notre littérature actuelle. Il s'est fait une jolie place dans les tendresses de la foule, en prenant la situation vacante de poètesoldat. Nous avions le soldatlaboureur, d'Horace Vernet; nous avons aujourd'hui le soldatpoète. Je viens de nommer Horace Vernet, ce peintre médiocre qui a été si cher au chauvinisme français. M. Paul Deroulède est en train de le remplacer. Ajoutez que nos désastres font en ce moment de l'armée une chose sacrée. Cela rend la position de poètesoldat absolument inexpugnable. Il est très difficile d'insinuer qu'il fait des vers médiocres, sans passer aussitôt pour un mauvais citoyen. On vous regarde, et on vous dit: «Monsieur, je crois que vous insultez l'armée!»

Certes, M. Paul Deroulède fait bien mal les vers, mais il a de si beaux sentiments! Ah! les beaux sentiments, on ne se doute pas de ce qu'on peut en tirer, quand on sait les employer avec adresse. Ils sont une réponse à tout, ils sont «la tarte à la crème» de notre grand comique. «La pièce me paraît faible.—Mais l'honneur, Monsieur!—Il n'y a pas d'action du tout.—Mais la patrie, Monsieur!—L'intrigue recommence à chaque acte.— Mais le dévouement, Monsieur!—Enfin, je m'ennuie.—Mais Dieu, Monsieur! Vous osez dire que Dieu vous ennuie!» Cette façon d'argumenter est sans réplique. Il est certain que l'honneur, la patrie, le dévouement et Dieu sont des preuves écrasantes du génie poétique de M. Paul Deroulède.

Et il faut voir le bonheur de la salle. Il y a bien quelques gredins parmi les spectateurs. Ceuxlà applaudissent plus fort. C'est si bon de se croire honnête, de passer une soirée à manger de la vertu en tirades, quitte à reprendre le lendemain son petit négoce plus ou moins louche! Qu'importe l'oeuvre! Il suffit que l'auteur jette des gâteaux de miel au public. Le public se donne une indigestion de flatteries. Il est grand, il est noble, il est honnête. C'est un attendrissement général. Pas de vices, à peine un coquin en carton, qui est là pour servir de repoussoir. Bravo! bravo! que tout le monde s'embrasse, et que le mensonge dure jusqu'à minuit!

La salle de l'Odéon tremblait sous l'ouragan des bravos. Chaque couplet patriotique était accueilli par des trépignements. Des personnes, je crois, ont été trouvées sous les bancs, évanouies de bonheur. La pièce n'existait plus, on se moquait bien de la pièce! La grande affaire était de guetter au passage les allusions à nos défaites et à la revanche future; et, dès qu'une allusion arrivait, la salle prenait feu, de l'orchestre au ceintre. Un monsieur en habit noir, un conférencier quelconque, aurait lu le drame devant le trou du souffleur que certainement l'effet aurait été le même. Et je pensais, assourdi par ce vacarme, que nous étions tous bien naïfs de chercher des succès dans l'amour de la langue et dans l'amour du vrai. Voilà M. Paul Deroulède qui passe du coup auteur dramatique, en criant simplement, le plus fort qu'il peut: «Je suis l'armée, je suis la vertu, l'honneur, la patrie, je suis les beaux sentiments!»

Pauvres écrivains que nous sommes, quelle leçon! Je sais des poètes qui, depuis vingt ans, étudient l'art délicat de forger le vers français. Ceuxlà ont à peine des succès d'estime. Je sais des auteurs dramatiques qui se mangent le cerveau pour trouver une nouvelle formule, pour élargir la scène française. Ceuxlà sont bafoués, et on les jette au ruisseau. Les maladroits! Pourquoi ne battentils pas du tambour et ne jouentils pas du clairon? C'est si facile!

La recette est connue. On sait à l'avance que tel beau sentiment doit provoquer telle quantité de bravos. On peut même doser le succès qu'on désire. Les modestes mettent le mot «patrie» cinq ou six fois; cela fait cinq ou six salves de bravos. Les vaniteux, ceux qui rêvent l'écroulement de la salle, prodiguent le mot «patrie», à la fin de toutes les tirades; alors, c'est un feu roulant, on est obligé de payer la claque double. Vraiment, la méthode est trop commode! Dans ces conditions, on se commande un succès, comme on se commande un habit. Cela rappelle les ténors qui n'ont pas de voix, et qui laissent aux cuivres de l'orchestre le soin d'enlever les hautes notes. La littérature n'est plus que pour bien peu de chose dans tout ceci.

J'arrive à l'Hetman. Voici, en quelques lignes, le sujet du drame. Un roi polonais du dixseptième siècle, Ladislas IV, a soumis les Cosaques. Deux des vaincus, le vieux chef FrollGherasz et le jeune Stencko, sont même à la cour de ce roi, où se trouve aussi un traître, un parjure, Rogoviane. Ce dernier, qui rêve de devenir gouverneur de l'Ukraine, pousse les Cosaques à une révolte, et travaille de façon à ce que Stencko s'échappe pour être le chef des révoltés. Mais FrollGherasz n'approuve pas cette prise d'armes. Il accepte une mission du roi, celle de pacifier l'Ukraine, et il laisse à la cour sa fille Mikla comme otage. Stencko et Rogoviane, naturellement, aiment Mikla. Dès lors, la seule situation dramatique est celle du père et de l'amant, pris entre l'amour de la patrie et l'amour qu'ils éprouvent pour la jeune fille. Au dénoûment, la patrie l'emporte, Stencko et Mikla meurent, mais les Cosaques sont victorieux.

La situation principale ne fait que se déplacer, pas davantage. D'abord, c'est FrollGherasz qui arrive dans un campement cosaque et qui adjure ses anciens soldats de ne pas recommencer une lutte insensée; mais, lorsque Stencko, en apprenant que Mikla est restée comme otage, refuse le commandement et retourne à la cour de Ladislas IV pour la sauver, le vieux chef oublie sa mission, oublie sa fille, et saisit le sabre de chef suprême, par amour de la patrie en larmes. Ensuite, c'est Stencko, qui veut enlever Mikla; là, apparaît Marutcha, une sorte de prophétesse qui conduit les Cosaques au combat, et Marutcha décide les jeunes gens à se sacrifier pour leur pays. Mikla reste à la cour afin d'endormir les soupçons de Ladislas. Enfin, le quatrième acte est vide d'action, on y voit simplement FrollGherasz préparant la victoire par des tirades sur les devoirs du soldat. Puis, au cinquième acte, nous retombons de nouveau dans l'unique situation, Stencko a été blessé, Mikla a été sauvée de l'échafaud par Rogoviane qui veut se faire aimer d'elle, et elle expire sur le corps de Stencko, elle tombe assassinée par le traître, lorsque celuici entend arriver les Cosaques vainqueurs.

Je ne puis m'arrêter à discuter les détails, la maladresse de certaines péripéties. Le point de départ est singulièrement faible; ce père, qui laisse sa fille en otage, devrait se connaître et ne pas jouer si aisément les jours de son enfant. On n'est pas ému le moins du monde de la douleur de FrollGherasz, parce qu'en somme il a voulu cette douleur. Agamemnon sacrifiant Iphigénie est beaucoup plus grand. Mais ce qui me frappe surtout, c'est le cercle dans lequel tourne la pièce. Comme je l'ai dit en commençant, l'Hetman a eu du succès, en dehors de toutes les règles. Il ne devait pas avoir de succès, puisque les critiques enseignent qu'une pièce ne peut réussir sans action, sans situations variées et combinées. Les cinq actes se répètent, et pourtant les bravos n'ont pas cessé une minute. Voilà un fait troublant pour les magisters du feuilleton. La seule explication raisonnable est que le succès de l'Hetman n'est pas un succès littéraire, mais un succès militaire, ce qu'il ne faut pas confondre. Qu'un jeune auteur ait la naïveté de s'autoriser de l'exemple, d'écrire un drame où l'action ne marchera pas, où des actes entiers ne seront qu'une composition de rhétoricien sur un sujet quelconque; qu'il fasse cela, sans y mettre les fameux beaux sentiments, et nous verrons s'il ne remporte pas un échec honteux.

Quelques observations de détails sur les personnages, avant de finir. Le roi Ladislas est stupéfiant. J'ignore si l'artiste qui joue le rôle est le seul coupable, mais on dirait vraiment un roi de féerie; on s'attend à chaque instant à voir son nez s'allonger brusquement, sous le coup de baguette de quelque méchante fée. Quant à la Marutcha, elle a trouvé une merveilleuse interprète dans madame Marie Laurent. Mais quel personnage rococo! combien peu elle tient à l'action, et comme chacune de ses tirades est attendue à l'avance! J'entendais une dame dire près de moi, en parlant de tous ces héros: «Ils crient trop fort.» Le mot est juste et contient la critique de la pièce. Personne ne parle dans ce drame, tout le monde y crie. On sort les oreilles cassées, et le fiacre qui vous emporte semble continuer les cahots des tirades, sur le pavé de Paris. Toute la nuit, Stencko a hurlé ses beaux sentiments à mes oreilles, tandis que le vieux FrollGherasz psalmodiait les siens d'une voix de basse. Le drame de M. Paul Deroulède est comme un corps d'armée qui défilerait dans ma rue. Je ferme ma fenêtre, agacé par le vacarme, qui m'empêche d'avoir deux idées justes l'une après l'autre.

Je suis peutêtre très sévère. M. Paul Deroulède est jeune et mérite tous les encouragements. Il a du talent, d'ailleurs. Je n'aime pas ce talent, voilà tout. Je crois qu'un peu de vérité dans l'art est préférable à tout ce tra la la des beaux sentiments. Les bonshommes en bois, même lorsque le bois est doré, ne font pas mon affaire. Je préfère à l'Hetman un petit acte fin et vrai du PalaisRoyal, le Roi Candaule, par exemple. Au moins, nous sommes là avec des créatures humaines. Qu'estce que c'est que Froll Gherasz? Un père et un patriote. Mais quel père et quel patriote? Nous n'en savons rien. FrollGherasz est une abstraction, il ressemble à un de ces personnages des anciennes tapisseries, qui ont une banderole dans la bouche, pour nous dire quels héros ils représentent. Pas d'observation, pas d'analyse, pas d'individualité. Le théâtre ainsi entendu remonte par delà la tragédie, jusqu'aux mystères du moyen âge.

Ah! je suis bien tranquille, d'ailleurs. Ce n'est pas l'Hetman qui ressuscitera le drame historique. Il est un exemple de la pauvreté et de la caducité du genre. Laissez passer cette tempête de bravos patriotiques, laissez refroidir ces tirades, et vous vous trouverez en face d'un drame dans le genre des drames, aujourd'hui glacés, de Casimir Delavigne, beaucoup moins bien fait et d'un ennui mortel.

## II

Je viens de dire mon opinion sur les drames patriotiques. Je ne nie pas l'excellente influence que ces sortes de pièces peuvent avoir sur l'esprit de l'armée française; mais, au point de vue littéraire, je les considère comme d'un genre très inférieur. Il est vraiment trop aisé de se faire applaudir, en remuant avec fracas les grands mots de patrie, d'honneur, de liberté. Il y a là un procédé adroit, mais commode, qui est à la portée de toutes les intelligences.

Voici, par exemple, un jeune homme, M. Charles Lomon. On me dit qu'il a écrit à vingtdeux ans le drame: Jean Dacier, joué solennellement à la ComédieFrançaise. La grande jeunesse du débutant me le rend très sympathique, et j'ai écouté la pièce avec le vif désir de voir se révéler un homme nouveau.

Mais, quoi! avoir vingtdeux ans, et écrire Jean Dacier! Vingtdeux ans, songez donc! l'âge de l'enthousiasme littéraire, l'âge où l'on rêve de fonder une littérature à soi tout seul! Et refaire un mauvais drame de Ponsard, une pièce qui n'est ni une tragédie ni un drame romantique, qui se traîne péniblement entre les deux genres!

Je m'imagine M. Lomon à sa table de travail. Il a vingtdeux ans, l'avenir est à lui. Dans le passé, il y a deux formes dramatiques usées, la forme classique et la forme romantique. Avant tout, M. Lomon devait laisser ces guenilles dans le magasin des accessoires, aller devant lui, chercher, trouver une forme nouvelle, aider enfin de toute sa jeunesse au mouvement contemporain. Non, il a pris les guenilles, il les a prises même sans passion littéraire, car il les a mêlées, il a lâché de rafraîchir toutes ces vieilles draperies des écoles mortes pour les jeter sur les épaules de ses héros. Une tragédie glaciale, un drame échevelé, passe encore! on peut être un fanatique; mais une oeuvre mixte, un raccommodage de tous les débris antiques, voilà ce qui m'a fâché!

Il est inutile d'avoir vingtdeux ans pour écrire une oeuvre pareille. Cela me consterne que l'auteur n'ait que vingtdeux ans; j'aurais compris qu'il en eût au moins cinquante. Seraitil donc vrai que les débutants, même ceux qui ont soif d'originalité et de nouveauté, se trouvent fatalement condamnés à l'imitation? Peutêtre M. Lomon ne s'estil pas aperçu des emprunts qu'il a faits de tous les côtés, du cadre vermoulu dans lequel il a placé sa pièce, des lieux communs qui y traînent, de la fille bâtarde, en un mot, dont il est accouché. La jeunesse n'a pas conscience des heures qu'elle perd à se vieillir.

Je sais que le patriotisme répond atout. M. Lomon a écrit un drame patriotique, cela ne suffitil pas à prouver l'élan généreux de sa jeunesse? Je dirai une fois encore que le véritable patriotisme, quand on fait jouer une pièce à la ComédieFrançaise, consiste avant tout à tâcher que cette pièce soit un chefd'oeuvre. Le patriotisme de l'écrivain n'est pas le même que celui du soldat. Une oeuvre originale et puissante fait plus pour la patrie que de beaux coups d'épée, car l'oeuvre rayonne éternellement et hausse la nation audessus de toutes les nations voisines. Quand vous aurez fait crier sur la scène: Vive la France! ce ne sera là qu'un cri banal et perdu. Quand vous aurez écrit une oeuvre immortelle, vous aurez réellement prolongé la vie de la France dans les siècles. Que nous restetil de la gloire des peuples morts? Il nous reste des livres.

Jean Dacier est, paraîtil, une oeuvre républicaine. Je demande à en parler comme d'une oeuvre simplement littéraire. Le sujet est l'éternelle histoire du paysan vendéen qui se fait soldat de la République et qui se retrouve en face de ses anciens seigneurs, lorsqu'il est devenu capitaine. Naturellement, Jean aime la comtesse Marie de Valvielle, et naturellement aussi il se montre deux fois magnanime envers son ennemi et rival, Raoul de Puylaurens, le cousin de la jeune dame. L'originalité de la pièce consiste dans le noeud même du drame. Jean retrouve la comtesse juste au moment où elle passe dans la légendaire charrette pour aller à l'échafaud. Or, un homme peut la sauver en l'épousant. Jean lui offre son nom, et la comtesse accepte, en croyant qu'il agit pour le compte de Raoul. On comprend le parti dramatique que M. Lomon a pu titrer de cette situation: une comtesse mariée à un de ses anciens domestiques, se révoltant, puis finissant par l'aimer au moment où il a donné pour elle jusqu'à sa vie.

Je ne chicanerai pas l'auteur sur ce mariage singulier. Il peut se faire qu'on trouve dans l'histoire de l'époque un fait semblable; seulement, il ne s'agissait certainement pas d'une femme de la qualité de l'héroïne. N'importe, il faut accepter ce mariage, si étrange qu'il soit. Ce qui est plus grave, c'est la création même du personnage.

Voici Jean Dacier, un paysan qui s'est instruit et qui représente l'homme nouveau. Il n'a pas une tache, il est grand, héroïque, sublime. Quand il a épousé la comtesse pour la sauver, et qu'elle l'écrase de son mépris, c'est à peine s'il laisse percer une révolte. Il fait échapper une première fois son rival Raoul, qu'il tient entre ses mains. A l'acte suivant, la situation recommence: Raoul tombe de nouveau à sa merci, et, cette fois, non seulement Jean le fait évader, mais encore il lui donne rendezvous le lendemain sur le champ de bataille, et, en donnant ce rendezvous, il trahit les siens, car l'attaque devait rester secrète. Jean passe devant un conseil de guerre, et on le fusille, pendant que Marie se lamente.

Vraiment, il est bon d'être un héros, mais il y a des limites. En temps de guerre, ouvrir continuellement la porte aux prisonniers, cela ne s'appelle plus de la grandeur d'âme, mais de la bêtise. Pour que nous nous intéressions aux pantins sublimes, il faut leur laisser un peu d'humanité sous la pourpre et l'or dont on les drape. On finit par sourire de ces héros magnanimes qui ne s'emparent de leurs ennemis que pour les relâcher. Il y a là une fausse grandeur dont on commence, au théâtre, à sentir le côté grotesque.

Le pis est qu'on s'intéresse médiocrement, à Jean Dacier. Cette façon de sauver une femme en l'épousant, le met dans une position singulièrement fausse. Il se conduit en enfant. La seule chose qu'il aurait à faire, après avoir arraché Marie à la guillotine, ce serait de la saluer et de lui dire: «Madame, vous êtes libre. Vous me devez la vie, je vous confie mon honneur.» Mais alors toutes les querelles dramatiques du second acte et du troisième n'existeraient pas. La situation est si bien sans issue que Jean meurt à la fin avec une résignation de mouton, pour finir la pièce. Cette mort est également amenée par une péripétie trop enfantine. Jean, ce lion superbe, trahit les siens sans paraître se douter un instant de ce qu'il fait, ce qui rapetisse tout le dénoûment.

Quant à la comtesse, elle est bâtie sur le patron des héroïnes, avec trop de mépris et trop de tendresse à la fois. Lorsque Jean l'a sauvée, elle se montre d'une cruauté monstrueuse, blessant inutilement son libérateur, se conduisant d'une si sotte façon qu'elle mériterait simplement une paire de gifles, malgré toute sa noblesse. Puis, au dernier acte, elle se pend au cou de Jean et lui déclare qu'elle l'adore. Le quatrième acte a suffi pour changer cette femme. C'est toujours le même système, celui des pantins que l'on déshabille et que l'on rhabille à sa fantaisie, pour les besoins de son oeuvre. Marie a compris la grandeur de Jean, et cela suffit: elle est comme frappée par la baguette d'un enchanteur, la couleur de ses cheveux ellemême a dû changer.

Je ne parle point des autres personnages, de ce Raoul de Puylaurens, qui passe sa vie à tenir son salut de son rival, ni du conventionnel Berthaud, qui traverse l'action en récitant des tirades énormes. Oh! les tirades! elles pleuvent avec une monotonie désespérante dans Jean Dacier. On essuie une trentaine de vers à la file, on courbe le dos comme sous une averse grise, on croit en être quitte; pas du tout, trente autres vers recommencent, puis trente autres, puis trente autres. Imaginez une grande plaine plate, sans un arbre, sans un abri, que l'on traverse par une pluie battante. C'est mortel. Je préfère, et de beaucoup, les vers rocailleux de M. Parodi. Que diraije du style? Il est nul. Nous avons, à l'heure présente, cinquante poètes qui font mieux les vers que M. Lomon. Ce dernier versifie proprement, et c'est tout. Il tient plus de Ponsard que de Victor Hugo.

Je me montre très sévère, parce que Jean Dacier a été pour moi une véritable désillusion. Comme j'attaquais vivement le drame historique, on m'avait fait remarquer qu'on pouvait très bien appliquer à l'histoire la méthode d'analyse qui triomphe en ce moment, et renouveler ainsi absolument le genre historique au théâtre. Il est certain que, si des poètes abandonnent le bricàbrac romantique de 1830, les erreurs et les exagérations grossières qui nous font sourire aujourd'hui, ils pourront tenter la résurrection très intéressante d'une époque déterminée. Mais il leur faudra profiter de tous les travaux modernes, nous donner enfin la vérité historique exacte, ne pas se contenter de fantoches et ressusciter les générations disparues. Rude besogne, d'une difficulté extrême, qui demanderait des études considérables.

Or, j'avais cru comprendre que le Jean Dacier, de M. Lomon, était une tentative de ce genre. Et quelle surprise, à la représentation! Ça, de l'histoire, allons donc! C'est un placage, exécuté même par des mains maladroites. Pas un des personnages ne vit de la vie de l'époque. Ils se promènent comme des figures de rhétorique, ils n'ont que la charge de réciter des morceaux de versification. Et le milieu, bon Dieu! Ce village breton, où Berthaud vient procéder aux enrôlements volontaires, cette mairie de Nantes où l'on marie les comtesses qui vont à la guillotine, seraient à peine suffisants pour la vraisemblance d'un opéracomique. Vraiment, Jean Dacier sera un bon argument pour les défenseurs du drame historique! Il achève le genre, il est le coup de grâce.

Je songeais à la Patrie en danger, de MM. Edmond et Jules de Concourt. Voilà, jusqu'à présent, le modèle du genre historique nouveau, tel que je l'exposais tout à l'heure. Aussi les directeurs ontil tremblé devant une oeuvre qui avait le vrai parfum du temps, et les auteurs ont ils dû publier la pièce, en renonçant à la faire jouer. Il y aurait un parallèle bien curieux à établir entre la Patrie en danger et Jean Dacier; les deux sujets se passent à la même époque et ont plus d'un point de ressemblance. La première est une oeuvre de vérité, tandis que la seconde est faite «de chic», comme disent les peintres, uniquement pour les besoins de la scène.

Au demeurant, la salle a failli craquer sous les applaudissements, le premier soir. Vive la France!

## III

J'arrive au Marquis de Kénilis, le drame en vers que M. Lomon a fait jouer au théâtre de l'Odéon. Je n'analyserai pas la pièce. A quoi bon? Le sujet est le premier venu. Il se passe en Bretagne, à l'époque de la Révolution, ce qui permet d'y prodiguer les mots de patrie, d'honneur, de gloire, de victoire. Nous y voyons l'éternelle intrigue des drames faits sur cette époque: un enfant du peuple aimant une fille d'aristocrate, devenant plus tard capitaine, puis épousant la demoiselle ou mourant pour elle. La situation forte consiste à mettre le capitaine entre son amour et son devoir; il ouvre en mer un pli cacheté qui lui ordonne de fusiller le père de sa bienaimée; heureusement, ce père se fait tuer noblement, ce qui simplifie la question. Qu'importe le sujet, d'ailleurs! La prétention des poètes comme M. Lomon est d'écrire de beaux vers et de pousser aux belles actions.

Hélas! les vers de M. Lomon sont médiocres. Beaucoup ont fait sourire. Les meilleurs frappent l'oreille comme des vers connus; on les a certainement lus ou entendus quelque part, ils circulent dans l'école, tout le monde s'en est servi. Ne seraitil pas temps de chercher une poésie, en dehors de l'école lyrique de 1830? Je me borne à un souhait, car je ne vois rien de possible dans la pratique. Ce que je sens, c'est que tous nos poètes répètent Musset, Hugo, Lamartine ou Gautier, et que les oeuvres deviennent de plus en plus pâles et nulles. Nous avons aujourd'hui une fin d'école romantique aussi stérile que la fin d'école classique qui a marqué le premier empire.

Pendant qu'on jouait l'autre soir le Marquis de Kénilis, je pensais à un poète de talent, à Louis Bouilhet, qu'on oublie singulièrement aujourd'hui. Celuilà se produisait encore à son heure, et il est telle de ses oeuvres qui a de la force et même une note originale. Eh bien, si personne ne songe plus aujourd'hui à Louis Bouilhet, si aucun théâtre ne reprend ses pièces, quel est donc l'espoir de M. Lomon en chaussant des souliers qui ont mené à l'oubli des poètes mieux doués que lui, et venus en tout cas plus tôt dans une école agonisante? Quel est cet entêtement de faire du vieux neuf, de ramasser les rognures d'hémistiches qui traînent, et dont le public luimême ne veut plus?

On répond par la dévotion à l'idéal. En face de notre littérature immonde, à côté de nos romans du ruisseau, il faut bien que des jeunes gens tendent vers les hauteurs et produisent des oeuvres pour enflammer le patriotisme de la nation. Nous autres naturalistes, nous sommes le déshonneur de la France; les poètes, M. Lomon et d'autres, sont chargés devant l'Europe d'honorer le pays et de le remettre à son rang. Ils consolent les dames, ils satisfont les âmes fières, ils préparent à la République une littérature qui sera digne d'elle.

Ah! les pauvres jeunes gens! S'ils sont convaincus, je les plains. J'ai déjà dit que je regardais comme une vilaine action de voler un succès littéraire, en lançant des tirades sur la patrie et sur l'honneur. Cela vraiment finit par être trop commode. Le premier imbécile venu se fera applaudir, du moment où la recette est connue. Si les mots remplacent tout, à quoi bon avoir du talent?

Et puis, causons un peu de cette littérature qui relève les âmes. Où sont d'abord les âmes qu'elle a relevées? En 1870, nous étions pleins de patriotisme contre la Prusse; un peu de science et un peu de vérité auraient mieux fait notre affaire. J'ai remarqué que les dames qui travaillaient dans l'idéal, étaient le plus souvent des dames très émancipées. Au fond de tout cela, il y a une immense hypocrisie, une immense ignorance. Je ne puis ici traiter la question à fond. Mais il faut le déclarer très nettement: la vérité seule est saine pour les nations. Vous mentez, lorsque vous nous accusez de corrompre, nous qui nous sommes enfermés dans l'étude du vrai; c'est vous qui êtes les corrupteurs, avec toutes les folies et tous les mensonges que vous vendez, sous l'excuse de l'idéal. Vos fleurs de rhétorique cachent des cadavres. Il n'y a, derrière vous, que des abîmes. C'est vous qui avez conduit et qui conduisez encore les sociétés à toutes les catastrophes, avec vos grands mots vides, avec vos extases, vos détraquements cérébraux. Et ce sera nous qui les sauverons, parce que nous sommes la vérité.

N'estce pas la chose la plus attristante qu'on puisse voir? Voilà un jeune homme, voilà M. Lomon, Il débute, il a peutêtre une force en lui. Eh bien, il commence par s'enfermer dans une formule morte; il fait du romantisme, à l'heure où le romantisme agonise. Ce n'est pas tout, il croit qu'il sauve la France, parce qu'il vient corner les mots de patrie et d'honneur dans une salle de théâtre, parce qu'il invente une intrigue puérile et qu'il écrit de mauvais vers. Et le pis, c'est qu'il se montrera dédaigneux pour nous, c'est que ses amis mentiront au point de nous traiter en criminels et d'insinuer que sa pauvre pièce est une revanche du génie français!

J'ai d'autres désirs pour notre jeunesse. Je la voudrais virile et savante. D'abord, elle devrait se débarrasser des folies du lyrisme, pour voir clair dans notre époque. Ensuite, elle accepterait les réalités, elle les étudierait, au lieu d'affecter un dégoût enfantin. A cette condition seule, nous vaincrons. Le vrai patriotisme est là, et non dans des déclamations sur la patrie et la liberté. Jamais je n'ai vu un spectacle plus comique ni plus triste: tout un gouvernement républicain convoqué à l'Odéon, des ministres, des sénateurs, des députés, pour y entendre un coup de canon. Eh! bonnes gens, ce n'est pas la formule romantique, c'est la formule scientifique qui a établi et consolidé la République en France!

## IV

Personne n'ignore qu'Attila, c'est M. de Bismark. Du moins, nul doute ne peut nous rester à cet égard, après la première représentation des Noces d'Attila, le drame en quatre actes que M. Henri de Bornier a fait jouer à l'Odéon. La salle l'a compris et a furieusement applaudi les passages où les alexandrins du poète, en rangs pressés, font aisément mordre la poussière aux ennemis de la France. Je n'insiste pas.

Mais ce que je veux répéter encore, c'est ce que j'ai déjà dit à propos de l'Hetman et de Jean d'Acier. Pour un poète, l'oeuvre vraiment patriotique est de laisser un chefd'oeuvre à son pays. Molière, qui n'a pas agité de drapeaux, qui n'a pas joué des fanfares devant sa baraque avec les mots d'honneur et de patrie, reste la souveraine gloire de notre nation; et il a vaincu toutes les nations voisines, sur le champ de bataille du génie. Nous triomphons continuellement par lui. Quant à cet autre prétendu patriotisme, à ce boniment qui jongle avec de grands mots, qui enlève les applaudissements d'une salle par des tirades, il n'est pas autre chose qu'une spéculation plus ou moins consciente. Il y a une improbité littéraire absolue à faire ainsi acclamer des vers médiocres. C'est mettre le chauvinisme sur la gorge des gens: applaudissez, ou vous êtes de mauvais citoyens. C'est forcer le succès et bâillonner la critique, c'est se faire sacrer grand homme à bon compte, en déplaçant la question du talent et de la morale. Voilà ce que je répéterai chaque fois que j'aurai assisté à un de ces succès où il est impossible de juger le véritable mérite d'un auteur.

Je me sens donc, dès l'abord, très gêné devant la nouvelle oeuvre de M. de Bornier, car il semble avoir compté sur nos bons sentiments pour que nous la considérions comme une oeuvre noble et vengeresse. Moi qui la trouve beaucoup trop noble et insuffisamment vengeresse, je demande avant tout de négliger le patriotisme, dans une question où il n'a que faire, et de juger le drame au strict point de vue dramatique.

Voici le sujet, brièvement. Attila, après sa campagne dans les Gaules, campe au bord du Danube, où il attend la fille de l'empereur Valentinien, qu'il a fait demander en mariage. Il traîne derrière lui tout un troupeau de prisonniers, dans lequel se trouvent le roi des Burgondes, Herric, et sa fille Hildiga, sans compter une Parisienne, une femme du peuple, Gerontia. En outre, un général franc, Walter, qui aime Hildiga, commet l'imprudence de se présenter pour traiter de sa rançon et de celle de son père. Attila prend l'argent et le retient prisonnier. Puis, le drame se noue, dès que Maximin, ambassadeur de Rome, vient annoncer à Attila que l'empereur lui refuse sa fille. Attila, exaspéré, veut épouser Hildiga, je n'ai pas trop compris pourquoi; il l'aime sans doute, mais l'outrage de Valentinien n'avait rien à voir là dedans. D'ailleurs, non content de désespérer Hildiga par sa proposition, il pousse le raffinement jusqu'à vouloir être aimé devant tous; et il menace la jeune fille de massacrer son père, son amant, ses

19

compatriotes, si elle ne feint pas pour sa personne la passion la plus aveugle. Hildiga doit accepter. Herric, Gérontia, d'autres encore la maudissent, sans qu'elle puisse relever la tête. Walter seul croit toujours en elle, et Attila finit par le faire décapiter devant Hildiga, qui se contente de se couvrir le visage de ses mains. Enfin, au dénoûment, lorsqu'il vient la retrouver dans la chambre nuptiale, la jeune épouse le tue d'un coup de hache.

Tel est, en gros, le drame. Dans une étude qu'il a publiée sur son oeuvre, M. de Bornier a écrit ceci: «L'idée des Noces d'Attila est fort simple; tout vainqueur se détruit luimême par l'abus de sa victoire, voilà l'idée philosophique; un tigre veut manger une gazelle, mais la gazelle se fâche, voilà le fait dramatique.» Acceptons cela, et examinons la mise en oeuvre.

M. de Bornier ne nous a pas montré du tout un vainqueur se détruisant par l'abus de sa victoire, car Attila meurt d'un accident en pleines conquêtes, au milieu de ses armées victorieuses. Reste la fable du tigre et de la gazelle. J'admets que Hildiga soit une gazelle; ailleurs, M. de Bornier l'appelle une colombe; c'est plus tendre encore, et cela convient mieux aux grâces bien portantes de mademoiselle Rousseil. Mais quant au tigre, il est vraiment trop bon enfant et trop rageur à la fois. Je demande à m'expliquer longuement sur son compte.

Cette figure d'Attila emplit le drame, et c'est, en somme, juger l'oeuvre que de l'étudier. M. de Bornier paraît avoir voulu reconstituer autant que possible la figure historique d'Attila, telle que nous la montrent les rares documents historiques. Son barbare est civilisé, l'homme de guerre est doublé en lui d'un diplomate aussi rusé que peu scrupuleux. Seulement, à côté de quelques traits acceptables, quelle étrange résurrection de ce terrible conquérant! Tout le monde l'insulte pendant quatre actes. Les prisonniers, Herric, Hildiga, Gerontia, Walter, d'autres encore, défilent devant lui, en lui jetant à la face les plus sanglantes injures, sans qu'il se mette une seule fois dans une bonne et franche colère. Ce n'est pas tout, Maximin vient le braver au nom de Rome, avec un étalage d'insolence lyrique, et il se contente de lutter de lyrisme avec l'insulteur. De temps à autre, il est vrai, il se dresse sur la pointe des pieds, en disant: «C'est trop de hardiesse!» Mais il s'en lient la, les hardiesses continuent, les plus humbles lui lavent la tête, on le traite à bouche que veuxtu de bourreau, de tyran, d'assassin; une vraie cible aux tirades patriotiques de chacun, un fantoche criblé de vers, lardé des mots de patrie et d'honneur. Ah! la bonne ganache de barbare! A coup sûr, le tigre ne s'est pas défendu contre M. de Bornier, qui, avant de le faire manger par sa gazelle, l'a accommodé sans péril à la sauce des beaux sentiments.

Cet Attila est donc un brave homme. Ajoutons qu'il a des mouvements d'humeur. Ainsi, s'il tolère autour de lui les gens qui l'injurient, il fait crucifier ceux de ses soldats qui gardent le silence; voir l'épisode du premier acte. D'autre part, il donne l'ordre de couper le cou de Walter, dans un moment de vivacité; mais, en vérité, ce Walter a bien mérité son sort; on n'«embête» pas un tyran à ce point, le moindre tigre en chambre n'aurait certainement pas attendu d'être provoqué deux fois. La bonhomie imbécile de Géronte, jointe à la folie meurtrière de Polichinelle, voilà l'Attila de M. de Bornier. Dès qu'il a besoin de faire injurier son despote, le poète l'asseoit sur son trône et le tient immobile et patient, tant que la tirade se développe. Ensuite, il pousse un ressort, et le pantin lâche le fameux: «C'est trop de hardiesse!» Une seule fois, le pantin tue un homme, non pas parce que cet homme lui dit depuis huit heures du soir des choses excessivement désagréables, mais parce qu'il abuse de sa situation de noble prisonnier et de belle âme pour vouloir lui prendre sa femme. C'en est trop, le tigre est dans le cas de légitime défense.

Je me laisse aller à la plaisanterie. Mais, en vérité, comment prendre au sérieux une pareille psychologie. Voilà le grand mot lâché: Toute cette tragédie, déguisée en drame romantique, est d'une psychologie enfantine. Essayez un instant de reconstituer les mouvements d'âme des personnages, de savoir à quelle logique ils obéissent, et vous arriverez à une analyse stupéfiante. Nous sommes ici dans une abstraction quintessenciée. Ce n'est plus la machine intellectuelle si bien réglée du dixseptième siècle. C'est un cassecou continuel au milieu de nos idées modernes habillées à l'antique. On est en l'air, partout et nulle part, parmi des ombres qui cabriolent sans raison, qui marchent tout d'un coup la tête en bas, sans nous prévenir. Les personnages sont extraordinaires, mais ils pourraient être plus extraordinaires encore, et il faut leur savoir gré de se modérer, car il n'y a pas de raison pour qu'ils gardent le moindre grain de bon sens. Nous sommes dans le sublime.

Oui, dans le sublime, tout est là. M. de Bornier lape à tous coups dans le sublime. Ses personnages sont sublimes, ses vers sont sublimes. Il y a tant de sublime là dedans, qu'à la fin du quatrième acte, j'aurais donné volontiers trois francs d'un simple mot qui ne fût pas sublime. Mais c'est justement au quatrième acte que le sublime déborde et vous noie. Ainsi je n'ai pas parlé d'Ellak, ce fils d'Attila qui a le coeur tendre et qui veut sauver Hildiga; quand il comprend, dans la chambre nuptiale, qu'elle va tuer son père, il est torturé par la pensée de prévenir celuici et de la livrer ainsi à sa fureur; mais Attila parle justement de faire mourir la mère d'Ellak pour une faute ancienne, et alors le jeune homme n'hésite plus, il livre son père à Hildiga pour sauver sa mère. Sublime, vous disje, sublime! Si ce n'était pas sublime, ce serait bête.

Et quel coup de sublime encore que le dénoûment! Attila raconte à Hildiga le rêve qu'il a fait, en la voyant en vierge qui foulait au pied le serpent. Hildiga, flairant un piège, lui répond par un autre songe: elle a rêvé qu'elle l'assassinait d'un coup de sa hache. Vous croyez qu'Attila va se méfier et prendre ses précautions avec cette faible femme qu'il

21

peut écraser d'une chiquenaude. Allons donc! Il passe avec elle derrière un rideau, et nous l'entendons tout de suite glousser comme un poulet qu'on égorge. C'est sublime!

Le sublime, voilà la seule excuse, à ce point de dédain absolu pour tout ce qui est vrai et humain. D'ailleurs, M. de Bornier ne se défend pas d'avoir voulu se mettre en dehors de l'humanité. «Après bien des hésitations, ditil, j'ai choisi le temps et le personnage d'Attila, précisément parce que le temps est obscur et le personnage peu connu.» Il insiste beaucoup sur ce point que personne ne peut pénétrer une âme comme celle d'Attila. Le despote luimême, en parlant de l'histoire, dit qu'elle pourra le condamner, mais non pas le connaître.

Dès lors, le poète est libre, il va se permettre toutes les gambades sur le dos d'Attila. Et c'est ainsi qu'il nous a donné ce stupéfiant barbare, qui a des allures de romantique de 1830, qui rappelle ces personnages d'un drame de Ponson du Terrail, je crois, disant: «Nous autres, gens du moyen âge...» Oui, Attila se traite lui même de barbare, parle de l'histoire et de la décadence, prédit tout ce qui doit arriver, porte sur ses actions les jugements que nous portons aujourd'hui. Et il n'y a pas qu'Attila, les autres personnages ne sont également que des chienlits modernes, lâchés dans une action baroque, et s'y conduisant avec nos idées et nos moeurs. Tous les mensonges sont accumulés: non seulement la psychologie de ces marionnettes est absurde, mais encore le drame est d'une fausseté absolue, comme histoire et comme humanité.

Que resteil? une fable, un sujet quelconque, auquel un poète dramatique a accroché des vers. Imaginezvous un arbre planté en l'air, sans racine dans le sol, et dont les bras morts portent des drapeaux. Cela claque dans le vide, et le peuple applaudit.

Dès lors, j'en suis amené à ne plus juger que les vers de M. de Bornier. Je sais des poètes qui se sont indignés. Ils refusent à l'auteur des Noces d'Attila le don de poésie. Cela me touche moins. Au théâtre, dans une étude de caractères et de passions, j'estime que le lyrisme est un don bien dangereux. Mais il est certain que M. de Bornier obtient une étrange cuisine, en passant tour à tour du procédé de Corneille au procédé de Victor Hugo. Cela me choque surtout parce que je ne crois pas à une alliance possible entre des maîtres de tempéraments différents. Les auteurs de juste milieu, ceux qui ont eu, comme Casimir Delavigne, l'ambition de concilier les extrêmes, ne sont jamais parvenus qu'à un talent bâtard et neutre n'ayant plus de sexe. C'est un peu le cas de M. de Bornier.

Le directeur de l'Odéon a monté le drame richement. Mais franchement, malgré ses soins et l'argent qu'il a dépensé, rien n'est plus triste ni plus laid que le défilé de ces costumes baroques, qu'on nous donne comme exacts. Il y a là une orgie de cheveux, de barbes et de moustaches, de l'effet le plus extravagant. Du côté des Francs, tout le monde est blond, un ruissellement de filasse; du côté des Huns, tout le monde est brun, des poils trempés dans de l'encre et balafrant les visages comme des traits de cirage. C'est enfantin et lugubre. Quant à l'exactitude, elle me fait un peu sourire. Elle doit ressembler au respect historique de M. de Bornier. Ainsi, on a mis un entonnoir sur la tête de M. Marais. C'est très bien. Mais alors je déclare cela faible comme imagination. Du moment qu'on avait recours aux ustensiles de cuisine, je me plains qu'on n'ait pas coiffé M. Pujol d'une casserole et M. Dumaine d'un moule à pâtisserie. Remarquez que nous n'aurions pas réclamé, et que cela peutêtre aurait été plus joli.

On me trouvera sans doute bien sévère pour M. de Bornier. La vérité est que nous n'avons pas le crâne fait de même. Il me paraît être la négation de l'auteur dramatique tel que je le comprends; et comme nous n'avons aucun engagement l'un envers l'autre, je m'exprime avec une entière franchise, je dis tout haut ce que bien du monde pense tout bas. Cela est aussi honorable pour lui que pour moi.

# LE DRAME SCIENTIFIQUE

Le public des premières représentations a été bien sévère, au théâtre Cluny, pour ce pauvre M. Figuier. L'estimable savant, tenté par le succès du Tour du monde en 80 jours et d'Un Drame au fond de la mer, a eu l'idée, lui aussi, de découper une pièce à grand spectacle, dans les livres de vulgarisation scientifique qu'il publie depuis près de vingt ans, et qui se vendent à un nombre considérable d'exemplaires. Pour être chez lui, il s'est entendu avec M. Paul Clèves. Mais, grand Dieu! jamais bouffonnerie du PalaisRoyal n'a égayé une salle comme les Six Parties du monde.

Je ne raconterai pas la pièce, qui est taillée sur le patron du genre. Il s'agit d'un groupe de voyageurs lancés à la queue leu leu dans toutes les contrées imaginables. Une histoire quelconque relie les personnages les uns aux autres et explique tant bien que mal leur course au clocher. D'ailleurs, tout cela est le prétexte; l'intention de l'auteur est de présenter une suite de tableaux saisissants, une sorte de panorama géographique qui instruise et qui charme à la fois.

Mon Dieu! la pièce est à coup sûr mal bâtie. Elle prête à rire par des puérilités, des façons innocentes et convaincues de présenter les choses. Rien n'est drôle parfois comme ces voyageurs qui dissertent au milieu des sauvages. Mais, en vérité, M. Figuier n'est pas l'inventeur du genre, et on a eu tort de lui faire porter tout le ridicule d'une pièce dont les modèles euxmêmes sont parfaitement grotesques.

J'avoue, quant à moi, faire une très faible différence entre les Six Parties du monde et le Tour du monde en 80 jours. Et, puisque le titre de cette dernière pièce vient sous ma plume, je veux dire combien une oeuvre pareille me paraît inférieure et drôlatique. Rien de moins scénique que l'idée sur laquelle elle repose; le héros de l'aventure, qui gagne un jour sans le savoir, peut être un monsieur intéressant pour des astronomes et des géographes, mais je jurerais bien que, sur les milliers de spectateurs qui sont allés à la PorteSaintMartin, quelques douzaines au plus ont compris l'ingéniosité scientifique du dénoûment. Tout le reste de l'intrigue est d'une banalité rare.

L'épisode le plus saillant est celui de la veuve du Malabar que l'on va brûler vive; et quelle étonnante histoire, grosse de comique, lorsqu'un des héros épouse cette veuve, à son retour en Angleterre! Je connais peu d'intrigues qui mettent plus de solennité dans la charge. Quand j'ai vu jouer la pièce, tout m'y a paru stupéfiant.

Certes, je m'explique parfaitement le succès. D'abord, il y avait un éléphant. Puis, deux ou trois tableaux étaient joliment mis en scène. On allait voir ça en famille, on y menait les demoiselles et les petits garçons qui avaient été sages. C'était un spectacle que les professeurs recommandaient. D'ailleurs, lorsqu'un courant de bêtise s'établit, il faut bien que tout Paris y passe. Moi, je préfère une féerie, je le confesse. Au moins une féerie n'a aucune prétention. Le côté irritant d'une machine telle que le Tour du monde en 80 jours, c'est qu'on rencontre des gens qui en parlent sérieusement, comme d'une oeuvre qui aide à l'instruction des masses. J'entends la science autrement au théâtre.

Je me sens d'ailleurs beaucoup moins sévère pour Un Drame au fond de la mer. Il y avait là un tableau très original et d'un effet immense, celui du navire naufragé, avec ses cadavres, dans les profondeurs transparentes de l'Océan. Je sais bien que, pour arriver à ce tableau, et ensuite pour dénouer la pièce, les auteurs avaient entassé toute la friperie du mélodrame. Mais la pièce n'en contenait pas moins une trouvaille, tandis que le Tour du monde en 80 jours est un défilé ininterrompu de banalités, sans un seul tableau qui soit vraiment neuf. Si je m'explique le succès, je n'en trouve pas moins le public bon enfant et facile à contenter.

Aussi estce pour cela que j'ai une grande indulgence devant la tentative malheureuse de M. Figuier. Il est tombé où d'autres ont réussi; mais le talent qu'il pourrait avoir importait peu. Il y a là une question du plus ou du moins qui ne me touche pas. S'il avait fait quelques coupures, s'il avait écouté les conseils d'un ami, il aurait mis son oeuvre debout, sans la rendre meilleure à mes yeux. C'est le genre qui est idiot, on doit dire cela carrément. Je vois là toul au plus des parades de foire que l'on devrait jouer dans des baraques en planches, des spectacles pour les yeux où le peuple achève de brouiller les quelques notions justes qu'il possède, des oeuvres bâtardes et grossières qui gâtent le talent des acteurs et qui acheminent notre théâtre national vers les pièces d'un intérêt purement physique.

Remarquez que ce pauvre M. Figuier avait toutes sortes de bonnes intentions. Il voulait même être patriote, il avait pris des héros français, désireux de faire entendre que les Anglais et les Américains ne sont pas les seuls à courir le monde dans l'intérêt de la science. Le malheur est qu'il n'a pas su escamoter suffisamment les drôleries du genre. D'autre part, la scène étroite de Cluny ne se prêtait guère à un défilé des cinq parties du monde, augmentées d'une sixième. Fatalement, les moindres naïvetés y devenaient énormes. Il faut de la place, pour faire tenir une vaste bouffonnerie, établie sérieusement. Enfin, M. Figuier n'avait pas d'éléphant. Cela était décisif.

Pauvre science! à quels singuliers usages on la rabaisse, pour battre monnaie! La voilà maintenant qui remplace le bon génie et le mauvais génie de nos contes d'enfants. Certes, lorsque j'annonce que le large mouvement scientifique du siècle va bientôt atteindre notre scène et la renouveler, je ne songe guère à cette vulgarisation en une douzaine de tableaux de quelque notion élémentaire que les enfants savent en huitième. Il y a là une veine de succès que les faiseurs exploitent, rien de plus. Ce que je veux dire, c'est que l'esprit scientifique du siècle, la méthode analytique, l'observation exacte des faits, le retour à la nature par l'étude expérimentale, vont bientôt balayer toutes nos conventions dramatiques et mettre la vie sur les planches.

# LA COMÉDIE

## I

Mes confrères en critique dramatique ont bien voulu, pour la plupart, parler de mon dernier roman, à propos de Pierre Gendron, la pièce que MM. Lafontaine et Richard viennent de donner au Gymnase. Sans accuser les auteurs de plagiat, quelquesuns ont admis certaines ressemblances entre cette comédie et l'Assommoir. Loin de moi la pensée de me montrer plus sévère. Je tiens MM. Lafontaine et Richard pour de galants hommes qui se seraient adressés à moi, s'ils avaient eu la moindre velléité de tirer une pièce de mon livre. D'ailleurs, ils ont fait dire dans la presse que Pierre Gendron était écrit avant l'Assommoir, et cela doit suffire. Certes, je ne réclame pas une enquête. Je m'estime simplement heureux que les directeurs ne se soient pas montrés plus empressés de jouer la pièce; car, dans ce cas, ce serait moi qui aurais pu être traité de plagiaire.

Seulement, la rencontre entre les deux oeuvres est vraiment prodigieuse. Il y a là un cas littéraire sur lequel je me permets d'insister, uniquement pour la curiosité du fait.

Imaginez qu'un auteur dramatique veuille tirer un drame de l'Assommoir. La grosse difficulté qu'il rencontrera sera le noeud même du drame, le ménage à trois, le retour de l'ancien amant que le mari ramène auprès de sa femme, un jour de soûlerie. Dans la vie réelle, j'ai connu des Coupeau, lentement hébétés par la boisson. Mais un romancier seul peut employer aujourd'hui de tels personnages, parce qu'il a le loisir de les analyser à l'aise et de tirer d'eux les terribles leçons de la vérité. Au théâtre, ils restent encore d'un maniement presque impossible.

Tout le problème, pour un auteur dramatique, serait donc d'accommoder Coupeau et Lantier, de façon à ce qu'ils pussent paraître devant le public, sans trop le révolter. Il faudrait, tout en gardant la situation du ménage à trois, trouver un arrangement qui maintiendrait l'aventure dans cette convention d'honnêteté scénique, hors de laquelle une pièce est fort compromise. En un mot, étant donné Gervaise, Lantier et Coupeau, il s'agirait de les conserver tous les trois, et pourtant de les rendre possibles, en modifiant légèrement les données du roman.

Eh bien, MM. Lafontaine et Richard ont trouvé une solution très agréable. J'avais songé à ces choses, avant la représentation de leur pièce, et j'ai été réellement surpris de ne pas avoir eu l'idée d'une solution aussi habile. Certainement, ce qui m'a empêché de la trouver, c'est la pensée qu'un roman transporté au théâtre doit rester entier. Mais des auteurs qui ne seraient tenus à aucun respect envers l'Assommoir, et qui préféreraient même s'en écarter un peu, n'inventeraient pas une adaptation plus adroite que Pierre

27

Gendron. Et cela est d'autant plus miraculeux que cette comédie a été écrite avant le roman.

Voici l'adaptation. Faites que Coupeau ne soit pas marié avec Gervaise, et admettez que Coupeau, tout en connaissant Lantier, ignore ses anciens rapports avec la jeune femme; dès lors, Coupeau, qui est un honnête ouvrier, pourra ramener Lantier dans son ménage, et, de ce retour, naîtront tous les éléments dramatiques nécessaires. Gervaise, naturellement, tremblera devant Lantier et refusera avec horreur le marché de honte qu'il lui offre pour garder le silence. Quant au dénoûment, il sera aimable ou triste, selon le théâtre où l'on portera la pièce.

Mais la rencontre la plus curieuse est peut-être que le retour de Lantier, dans le roman et dans le drame, a lieu pendant un repas de famille. Seulement, dans le roman, le repas est donné le jour de la fête de Gervaise; tandis que, dans le drame, il a lieu le jour de la fête de Coupeau.

Je n'ai pas besoin de faire remarquer les conséquences énormes que la légère modification du sujet amène au point de vue théâtral. Au lieu de cette déchéance lente du ménage, qui est le roman tout entier, on n'a plus qu'un honnête ménage d'ouvriers tyrannisé et menacé par un sacripant. Les auteurs ont même chargé Lantier en noir; ils en ont fait un assassin, que les gendarmes emmènent au dénoûment, ce qui est vraiment trop gros et noie leur oeuvre dans les eaux vulgaires du mélodrame. Quant à Coupeau et à Gervaise, ils se marient et sont heureux. On prétend, il est vrai, que la pièce était en cinq actes et qu'on l'a réduite pour les besoins du Gymnase. Je serais bien curieux de connaître les deux actes que M. Montigny a fait couper.

Et voyez le prodige, les rencontres ne s'arrêtent pas là! La fille des Coupeau, Nana, est aussi dans la pièce. Or, cette Nana était encore bien embarrassante; on pouvait, à la vérité, ne pas pousser les choses jusqu'au bout, en la ramenant au bercail, avant qu'elle eût glissé à la faute; mais elle n'en demeurait pas moins un danger, si l'on ne mettait pas à côté d'elle une consolation. Aussi Nana a-t-elle une soeur, une demoiselle bien élevée et sans tache, grandie en dehors du milieu ouvrier, et qui, au dénoûment, épousera le patron de la fabrique où travaille Coupeau. Cela compense tout.

Je ne veux pas insister davantage. Je répète une fois encore que j'accuse le hasard seul. Il m'a paru simplement intéressant de montrer comment, sans le vouloir, MM. Lafontaine et Richard ont tiré de l'Assommoir la pièce que des hommes de théâtre auraient pu y trouver. En outre, comme j'ai accordé de grand coeur à deux auteurs dramatiques l'autorisation de porter sur les planches le sujet de mon livre, j'ai pensé que je devais me prononcer sur la question soulevée dans la presse, à propos de Pierre Gendron.

Si l'on veut maintenant mon avis tout net sur cette comédie, j'ajouterai qu'elle me plaît médiocrement. Les auteurs ont dû la baser sur une situation fausse. Toute la pièce tient sur ce fait que Gervaise a refusé d'épouser Coupeau, parce qu'elle a appartenu à Lantier, et qu'elle courbe la tête sous l'éternelle honte de cette liaison. Il faut connaître bien peu le milieu où s'agitent les personnages, pour prêter un tel sentiment à Gervaise. Dans la réalité, elle serait depuis longtemps la femme légitime de Goupeau. Seulement, comme je l'ai expliqué, si elle était sa femme, les auteurs retomberaient dans la situation embarrassante du roman, et ils ont dû choisir entre la convention théâtrale et la vérité.

Je ne parle pas du dénoûment, je sais très bien que c'est là un dénoûment imposé par le Gymnase. On se marie trop à la fin, et toute cette action terrible tombe en plein dans la confiture. Voyezvous Nana ramenée saine et sauve, comme s'il suffisait d'un tour d'escamotage pour transformer en bonne petite fille une coureuse de trottoirs, qui appartient de naissance au pavé parisien! Je voudrais que l'on sentît bien là à quel point de mensonge on a rabaissé le théâtre. Car soyez convaincus que MM. Lafontaine et Richard sont trop intelligents pour ne pas savoir euxmêmes qu'ils mentent. La vérité est qu'ils ont eu peur, et avec raison; ils se sont dit qu'ils devaient se conformer au désir du public, qui aime les dénoûments aimables.

J'arrive ainsi au singulier jugement porté par plusieurs de mes confrères qui ont vu, dans Pierre Gendron, un manifeste naturaliste au théâtre. Gomme toujours, c'est la forme, l'expression extérieure de la pièce qui les a trompés. Il a suffi que les personnages employassent quelques mots d'argot populaire, pour qu'on criât au réalisme. On ne voit que la phrase, le fond échappe.

Certes, on ne saurait trop louer MM. Lafontaine et Richard, en mettant des ouvriers en scène, de leur avoir conservé certaines tournures de langage, qui marquent la réalité du milieu. C'était déjà là une audace, et il faut les en remercier. Seulement, j'aurais voulu les voir pousser plus loin l'amour du vrai, s'attaquer aux moeurs ellesmêmes, à la réalité des faits. Leur Gendron, c'est l'éternel bon ouvrier des mélodrames; leur Louvard, c'est le traître qu'on a vu tant de fois. Les bonshommes n'ont pas changé; ils restent jusqu'au cou dans la convention. Ils commencent à parler leur vraie langue, voilà tout.

Paris a besoin d'un certain nombre de plaisanteries courantes. Que les chroniqueurs, les échotiers, tout le personnel rieur et turbulent de la petite presse, ait lancé une série de calembredaines sur le mouvement littéraire actuel, rien de plus acceptable; que l'on fasse par moquerie tenir le naturalisme dans l'argot des barrières, l'ordure du langage et les images risquées, cela s'explique, et nous tous qui défendons la vérité, nous sommes les premiers à sourire de ces plaisanteries, lorsqu'elles sont spirituelles. Mais, en France, on ne saurait croire combien est dangereux ce jeu de la raillerie. Les esprits les plus

29

épais et les plus sérieux finissent par accepter comme des jugements définitifs les aimables bons mots de la presse légère.

Ainsi, on tend à admettre que l'argot entre comme une base fondamentale dans notre jeune littérature. On vous clôt la bouche, en disant: «Ah! oui, ces messieurs qui remplacent la langue de Racine par celle de Dumollard!» Et l'on est condamné. Vraiment! nous nous moquons bien de l'argot! Quand on fait parler un ouvrier, il est d'une honnêteté stricte, je crois, de lui conserver son langage, de même qu'on doit mettre dans la bouche d'un bourgeois ou d'une duchesse des expressions justes. Mais ce n'est là que le côté de forme du grand mouvement littéraire contemporain. Le fond, certes, importe davantage.

Par exemple, au théâtre, c'est un triomphe médiocre que de placer de loin en loin une expression populaire. J'ai remarqué que l'argot fait toujours rire à la scène, lorsqu'on le ménage habilement. Il est beaucoup plus difficile de s'attaquer aux conventions, de faire vivre sur les planches des personnages taillés en pleine réalité, de transporter dans ce monde de carton un coin de la véritable comédie humaine. Cela est même si mal commode que personne n'a encore osé, parmi les nouveaux venus, qui ne sont pourtant pas timides.

Il faut remettre l'argot à sa place. Il peut être une curiosité philologique, une nécessité qui s'impose à un romancier soucieux du vrai. Mais il reste, en somme, une exception, dont il serait ridicule d'abuser. Parce qu'il y a de l'argot dans une oeuvre, il ne s'ensuit pas que cette oeuvre appartient au mouvement actuel. Au contraire, il faut se méfier, car rien n'est un voile plus complaisant qu'une forme pittoresque; on cache làdessous toutes les erreurs imaginables.

Ce qu'il faut demander avant tout à une oeuvre, que le romancier ait cru devoir prendre la plume d'Henri Monnier ou celle de Bossuet, c'est d'être une étude exacte, une analyse sincère et profonde. Quand les personnages sont plantés carrément sur leurs pieds et vivent d'une vie intense, ils parlent d'euxmêmes la langue qu'ils doivent parler.

## II

La première représentation au Gymnase de Châteaufort, une comédie en trois actes de madame de Mirabeau, m'a paru pleine d'enseignements. Pendant que le public tournait au comique les situations dramatiques, et que les critiques se fâchaient en criant à l'immoralité, je songeais qu'il y avait là un malentendu bien grand, j'aurais voulu pouvoir transformer d'un coup de baguette cette pièce mal faite en une pièce bien faite, et changer ainsi en applaudissements les rires et les indignations; car, au fond, il s'agissait uniquement d'une question de facture.

Voici, en gros, le sujet de la pièce. Le marquis de Ponteville a donné sa fille Nadine en mariage à M. de Châteaufort, un homme de la plus grande intelligence, que le gouvernement vient même de charger d'une mission diplomatique. Puis, le marquis s'est remarié avec une demoiselle d'une réputation équivoque. Mais voilà que Nadine acquiert la preuve, par une lettre, que son mari a été l'amant de sa bellemère. Le beau Châteaufort, l'homme irrésistible et magnifique, est un simple gredin. Précisément, il vient de commettre une première scélératesse. Aidé de la marquise, il a décidé le marquis à lui léguer le château de Ponteville, au détriment de Pierre, le frère aîné de Nadine. Celuici apprend tout par le notaire qui a rédigé le testament. Un singulier notaire qui, pour se venger d'avoir reçu des honoraires trop faibles, dénonce tout le monde, et apprend surtout à la marquise que Nadine a des rendezvous avec M. de Varennes, rendez vous fort innocents d'ailleurs. Dès lors, la guerre est déclarée entre les deux femmes. Madame de Ponteville accuse madame de Châteaufort d'adultère, et fait prendre par le marquis une lettre que celleci semble vouloir dissimuler. Mais justement cette lettre est celle qui révèle la liaison de Châteaufort et de madame de Ponteville. Le marquis a un coup de sang, dont il se tire pour se lamenter. Enfin Châteaufort, auquel le gouvernement vient de retirer sa mission, comprend qu'il gêne tout le monde, qu'il n'y a pas d'issue possible, et il se décide à dénouer le drame en se faisant sauter la cervelle.

Certes, je ne défends point les inexpériences ni les maladresses de la pièce. Seulement, je me demande quelle a été la véritable intention de madame de Mirabeau. A coup sûr, son idée première a dû être de mettre debout la haute figure de Châteaufort. On dit que son héros était, dans le principe, député et ambassadeur; la censure aurait diminué le personnage, en en faisant un simple diplomate, envoyé en mission particulière.

Mais l'indication suffit. On comprend immédiatement quel est le personnage, le type que l'auteur a voulu créer. Châteaufort n'est point l'aventurier vulgaire. Son nom est à lui; de plus, il a une grande intelligence, une haute situation. Sa perversion est un fruit de l'époque et du milieu. Il est la pourriture en gants blancs, l'intrigue toute puissante, l'homme public qui abuse de son mandat, le cerveau vaste qui combine le mal. Cet homme, titré, occupant une des situations politiques les plus en vue, représente donc la corruption dans les hautes classes, avec ce qu'elle a d'intelligent, d'élégant et d'abominable. Je ne sais si je me fais bien comprendre. Mais il y avait, à mon sens, une création très large à tenter avec un tel personnage. Il est de notre temps; on l'a rencontré dans vingt procès scandaleux. Il a poussé sur les décombres des monarchies; il ne peut plus avoir de pensions sur la cassette des rois, et il bat monnaie avec ses titres et ses situations officielles. Regardez autour de vous, très haut, et vous le reconnaîtrez. Je comprends donc parfaitement que madame de Mirabeau n'ait pu résister à la tentation de mettre au théâtre une figure si contemporaine et si puissamment originale.

Maintenant, le malheur est qu'elle l'a mise sans aucune prudence. Elle avait besoin d'une histoire quelconque pour employer le héros, et l'histoire qu'elle a choisie est des moins heureuses. Encore auraitelle pu s'en contenter, car les histoires en ellesmêmes importent peu. Mais il fallait alors souffler la vie à tous ces pantins, donner aux faits la profonde émotion de la vérité. J'arrive ici au vif de la question, et je demande à m'expliquer très nettement.

Le soir de la première représentation, le public riait et la critique se fâchait, aije dit. Dans les couloirs, j'entendais dire que l'immoralité de la pièce était révoltante, qu'un pareil monde n'existait pas. Surtout, c'était le langage qui blessait; des spectateurs juraient que les femmes du monde ne parlent pas avec cette crudité et ne se lancent point ainsi leurs amants à la tête. Que répondre à cela? on sourit on hausse les épaules. La brutalité est partout, en haut comme en bas. Quand les passions soufflent, les marquises deviennent des poissardes. Il n'y a que les tout jeunes gens qui se font du grand monde une idée d'Olympe, où les bouches des dames ne lâchent que des perles.

Pour mon compte,—j'ignore si j'ai l'âme plus scélérate que la moyenne du public,—je ne trouve, dans Châteaufort, pas plus de gredinerie que dans beaucoup d'autres pièces applaudies pendant cent représentations. Que voyonsnous donc d'épouvantable dans cette oeuvre? Un homme qui a eu des relations avec sa bellemère, et qui convoite les biens de son beaupère. Mais ce sont là de simples gentillesses, à côté de l'amas effroyable des noirs forfaits de notre répertoire. Je ne citerai pas les tragédies grecques, ni les mélodrames du boulevard, où l'on s'empoisonne en famille avec le plus belle tranquillité du monde. Je rappellerai simplement les oeuvres de cette année, l'Étrangère, par exemple, où le duc de Septmont se conduit en vilain monsieur, tout comme Châteaufort.

Pourquoi, en ce cas, riton et se fâcheton au Gymnase? C'est uniquement parce que l'auteur a manqué de science et d'adresse. Il aurait pu nous conter une aventure dix fois plus odieuse et nous l'imposer parfaitement, s'il avait su procéder avec art. Question de facture, rien de plus, je le répète. Le public a acclamé d'autres vilenies, sans s'en douter. Les infamies ne l'effrayent pas, la façon de présenter les infamies seule le révolte.

La grande faute de madame de Mirabeau a été de bâtir son action dans le vide. Ses personnages n'ont pas d'acte civil. On ne sait d'où ils viennent, qui ils sont, comment s'est passée leur vie jusqu'au jour où on nous les présente. Châteaufort aurait eu besoin d'être expliqué dans ses antécédents. Cette grande figure devait être complète. Un drame n'est pas un coup de tonnerre dans un ciel bleu; il faut circonstancier et amener les orages de la passion et des intérêts.

Une autre faute grave est d'avoir raidi les personnages dans une attitude. Châteaufort, à mon sens, manque surtout de souplesse. Le marquis est une ganache et la marquise une louve de mélodrame. Quant à Nadine, elle serait le seul personnage sympathique, si elle n'était pas toujours en colère. La vie a plus de bonhomie, et, même dans les crises dramatiques, il faut conserver aux personnages des échappées de repos et de détente. Une action toute nue, une abstraction pure, ne réussit au théâtre qu'à la condition d'être maniée par des mains très savantes, qui la conduisent avec une raideur de démonstration géométrique.

D'ailleurs, madame de Mirabeau est loin de manquer de talent. J'ose même confesser que son oeuvre m'a beaucoup plus intéressé que certaines pièces, jouées dans ces derniers temps, et qui ont réussi. Cela est si peu ordinaire, une belle inexpérience, parlant carrément, appelant les choses par leurs noms, allant droit devant elle sans crier gare. Il y a bien des hommes, parmi nos auteurs dramatiques, auxquels je souhaiterais l'énergie de madame de Mirabeau. Et il ne faut pas ricaner, employer le gros mot de brutalité, l'énergie reste une chose rare et belle, qu'on n'acquiert pas, et qui fait les grandes oeuvres. On ne devient pas fort, tandis que l'on peut émonder sa force et trouver un équilibre.

Dans tout cela, il y a une morale à tirer. La chute Châteaufort va être un argument de plus entre les mains de ceux qui refusent la vérité au théâtre, sous prétexte que la vérité est affligeante et que le public demande avant tout des tableaux consolants. Je les entends d'ici foudroyer les héros corrompus, déclarer que le théâtre n'est pas une dalle de dissection, réclamer des idylles qui ne contrarient pas leur digestion. Avezvous remarqué une chose? il est rare qu'un honnête homme se scandalise en face d'un coquin; ce sont les coquins euxmêmes qui crient le plus fort, comme s'ils voyaient une allusion personnelle dans le personnage qu'on leur montre.

Donc, c'est le naturalisme au théâtre qui payera une fois de plus les pots cassés. Il va être formellement conclu que toutes les plaies ne sont pas bonnes à montrer, surtout lorsqu'il s'agit des plaies du beau monde. Et l'on aura raison, dans un certain sens. Je crois qu'on peut tout dire et tout peindre, mais je commence à être persuadé aussi qu'il y a façon de tout peindre et de tout dire. Là est la solution du problème.

Ah! comme nous serions forts, si un naturaliste, sans rien perdre de sa méthode d'analyse ni de sa vigueur de peinture, naissait avec le sens du théâtre, cette adresse du métier qui escamote les difficultés au nez du public. Il n'est pas vrai, à coup sûr, que tout le théâtre soit dans le métier, comme on le répète. Le métier suffit le plus souvent, mais le métier pourrait aussi aider simplement à rendre possible sur les planches les drames et les comédies de la vie réelle. Apporter la vérité et savoir l'imposer, tel doit être le but.

Aussi ne me lasseraije pas de répéter aux jeunes auteurs dramatiques qui grandissent: «Voyez les chutes de toutes les pièces naturalistes tentées depuis dix ans. Estce à dire que le mensonge seul réussit au théâtre? Non, certes. Il faut garder sa foi dans le vrai, même quand le vrai semble crouler de toutes parts. La vérité reste supérieure, inattaquable, souveraine. C'est à notre imbécillité, à notre manque de talent, qu'il faut s'en prendre. C'est nous, et non pas la vérité, qui faisons tomber nos pièces. Etudiez donc le théâtre, comparez et cherchez. Il existe certainement une tactique pour conquérir le public, on flaire dans l'air une formule, qu'un débutant découvrira, et qui indiquera la voie à suivre, si l'on veut donner à notre théâtre une vie nouvelle. Les révolutions dans les idées ne se précisent et ne triomphent que grâce à une formule. Inventez une facture, tout est là.»

# III

Deux débutants, MM. Jules Kervani et Pierre de l'Estoile, ont fait jouer au TroisièmeThéâtreFrançais une pièce en cinq actes: l'Obstacle.

Voici, en gros, le sujet. Un jeune homme, Georges de Liray, a rencontré aux bains de mer une adorable jeune fille, mademoiselle de Champlieu. Il l'aime, il demande sa main à M. de Champlieu, et là il apprend tout un drame de famille: la mère de la jeune fille n'est pas morte, comme on l'a dit, elle a fui, il y a des années, avec un amant. Georges n'en poursuit pas moins son projet de mariage; mais il se heurte contre un nouveau drame, son père lui confesse qu'il est l'amant de madame de Champlieu, laquelle a naturellement changé de nom. Dès lors, le mariage entre les jeunes gens paraît impossible. Les auteurs se sont tirés de toutes ces difficultés accumulées, en condamnant M. de Liray à un exil lointain et en empoisonnant madame de Champlieu, qui meurt pardonnée de son mari.

La critique a bien accueilli cette oeuvre. Elle a fait des réserves, mais elle a été unanime à y constater des situations fortes et des scènes bien faites. Ses réserves ont surtout porté sur l'impasse dans laquelle les auteurs se sont mis, en choisissant un de ces sujets dont il est impossible de sortir. Ses éloges se sont adressés à l'habileté de l'exposition, aux coups de théâtre successifs: la confession de M. de Champlieu; l'aveu de M. de Liray à son fils; la rencontre des deux pères, avec la femme coupable entre eux. On a trouvé tout cela, je le répète, très bien combiné, emmanché solidement, fabriqué avec adresse. Aussi aton salué MM. Jules Kervani et Pierre de l'Estoile comme des jeunes écrivains heureusement doués pour le théâtre.

J'ai eu la curiosité de lire tout ce qu'on a écrit sur l'Obstacle, et j'affirme que le seul regret de la critique a été que les auteurs n'eussent pas pu sortir plus brillamment du problème insoluble qu'ils s'étaient posé. Imaginez un joueur de piquet dont une nombreuse galerie suit le jeu. La galerie est émerveillée par la hardiesse de l'écart et tout à fait enchantée par deux ou trois coups successifs qui dénotent une science hors ligne. Malheureusement, la fin de la partie est moins brillante: le joueur gagne, mais grâce à des expédients dangereux, et il ne gagne que d'un point. Alors, la galerie dit: «C'est fâcheux, une partie si bien commencée! N'importe, ce joueur n'est pas la première mazette venue.» Telle a été exactement l'attitude de la critique, à l'égard de MM. Jules Kervani et Pierre de l'Estoile.

Eh bien! que ces messieurs me permettent de leur tenir un autre langage. Je suis le seul de mon opinion; aussi vaisje lâcher d'être très clair et d'appuyer mon dire sur des arguments décisifs. Certes, les deux auteurs, en écrivant l'Obstacle, ont fait une oeuvre très honorable, et je me réjouis de leur succès. Mais je crois remplir strictement mon

35

devoir de critique, en leur disant qu'ils ont choisi là une formule dramatique inférieure, et qu'ils doivent se dégager au plus tôt de cette formule, s'ils ont la moindre ambition littéraire.

J'arrive aux preuves. Que sont leurs personnages? Des pantins, pas davantage. Les jeunes gens sont des jeunes gens, les pères sont des pères, le tout complètement abstrait, chaque figure représentant une idée et non un individu. Il me semble voir ces personnages portant chacun un écriteau sur la poitrine: «Moi je suis un jeune homme honnête qui aime une jeune fille... Moi je suis un père honnête dont la femme s'est mal conduite...» Quant à l'homme que cache l'écriteau, il nous reste profondément inconnu; nous ne voyons seulement pas le bout de son nez, nous ignorons ce qu'il a dans le ventre. Aucune analyse humaine, en somme; pas un seul document nouveau, une simple exhibition de sentiments généraux qui manquent même de tout relief artistique.

Mais les faits sont encore plus significatifs. Si les personnages restent uniquement des poupées destinées à être rangées sur une table, comme les soldats de plomb des enfants, tout l'intérêt se porte sur le drame dont ils vont être les acteurs complaisants. Ils deviennent passifs, ils subissent l'action, demeurent où on les place, font un pas en arrière ou en avant, selon les besoins de la stratégie dramatique. Or, rien n'est plus étrange que cette action qu'ils subissent. Il s'agit pour les auteurs de pousser leurs soldats de plomb, de les mettre en face les uns des autres, dans des positions critiques, de faire croire qu'ils sont perdus et qu'ils vont se manger, puis de les dégager le plus habilement possible, en sacrifiant ceux qui sont trop embarrassants, et de dire enfin au public ravi: «Mesdames et Messieurs, voilà comment la farce se joue. Tout ceci n'était que pour vous plaire et vous montrer notre adresse d'escamoteurs.» Peu importent la vie réelle, le développement logique des histoires vraies, la grandeur simple de ce qui se passe tous les jours sous nos yeux. Les hommes d'expérience et d'autorité vous répéteront qu'il faut des situations au théâtre; entendez par là qu'il faut mener en guerre vos soldats de plomb et vous exercer à les jeter dans des bagarres, pour avoir la gloire de les en tirer sans une égratignure.

Je le dis une fois encore, l'art dramatique ainsi entendu est un art absolument inférieur, qui doit dégoûter les penseurs et les artistes. Je parlais d'une partie de piquet. Mais il est une comparaison plus juste encore, celle d'une partie d'échecs. Les personnages ne sont plus que des pions. MM. Jules Kervani et Pierre de l'Estoile ont pu se dire: «Les blancs font mat en cinq coups.» Et ils ont joué leurs cinq actes. Oui, leurs personnages sont en bois, de simples pièces de buis; j'accorde, si l'on veut, qu'on les a sculptés et qu'ils ont des figures humaines; mais ils n'ont sûrement ni cervelles ni entrailles. Quant au drame, il devient une combinaison, plus ou moins ingénieuse; on entend le petit claquement des pièces sur l'échiquier, et le problème est résolu, la critique se contente de déclarer le lendemain: «Bien joué!» ou: «Mal joué!» De l'étude humaine, de l'analyse des tempéraments, de la nature des milieux, pas un mot!

Voilà, n'estce pas, qui est d'un grand vol, voilà qui élargit singulièrement notre littérature dramatique! Remarquez que les pièces à situations qui règnent aujourd'hui, n'ont envahi le théâtre que depuis le commencement du siècle. Ce sont elles qui ont imposé l'étrange code auquel on veut soumettre tous les débutants. Les fameuses règles, le critérium d'après lequel on juge si tel écrivain est ou n'est pas doué pour le théâtre, viennent de ces pièces. Peu à peu, elles se sont imposées comme un amusement facile qui intéresse sans faire penser, et on a voulu plier toutes les productions dramatiques à leur formule. Il n'a plus été question que «des scènes à faire». On a déserté la grande étude humaine pour ce joujou, mettre des bonshommes en bataille et leur faire exécuter des culbutes de plus en plus compliquées. Ajoutez que des esprits ingénieux, et même quelques esprits puissants, se sont livrés à ce jeu et y ont accompli des merveilles. Voilà comment le théâtre actuel,—une simple formule passagère dont on veut faire «le théâtre»,—occupe les planches, à la grande tristesse des écrivains naturalistes.

Souvent la critique cite les maîtres. C'est pourtant peu les honorer que de ne point se montrer sévère pour les pièces à situations. Dans toutes les littératures, tous les chefsd'oeuvre dramatiques condamnent ces pièces et montrent leur infériorité. Certes, ce n'est ni dans le théâtre grec, ni dans le théâtre latin que nos auteurs habiles ont pris les règles du petit jeu de société auquel ils se livrent. Ni Shakespeare ni Schiller ne leur ont enseigné l'art de plonger un personnage dans une fable compliquée, puis de l'en retirer par la peau du cou, sans que ses vêtements euxmêmes aient souffert. Si j'arrive à nos classiques, l'exemple devient encore plus frappant. Où prendon que Corneille, Molière, Racine sont les maîtres du théâtre à notre époque? Les auteurs contemporains n'ont rien d'eux, je ne parle pas du talent, mais de l'entente de la scène et de la veine dramatique. Qu'on cesse donc de parler des maîtres, à propos de notre théâtre actuel, car nous les insultons chaque jour par la façon ridicule et étroite dont nous employons leur glorieux héritage.

La formule qui règne en ce moment n'a donc pas d'excuse. Elle ne saurait même invoquer en sa faveur la tradition. Elle ne se rattache en rien aux chefsd'oeuvre de notre littérature dramatique. Je ne puis développer ici les arguments que je fournis; mais il est aisé de le faire. Cette formule est née de l'ingéniosité et de l'habileté d'une génération d'auteurs. Elle a récréé le public, car elle offre le gros intérêt du romanfeuilleton, dont l'invention a passionné la masse des lecteurs illettrés. Et c'est ainsi qu'elle s'est étalée, au point de faire dire qu'elle est tout le théâtre, et qu'en dehors d'elle il n'y a pas de succès possible. Heureusement, l'histoire littéraire est là pour affirmer que l'étude de l'homme passe avant tout, avant l'action ellemême. On a découragé les esprits supérieurs en faisant un simple échiquier de la scène. Telle est l'explication de la royauté du roman à notre époque, tandis que le théâtre se traîne et agonise.

Un grand écrivain étranger s'étonnait un jour devant moi des deux littératures si nettement tranchées qui vivent chez nous côte à côte, le roman et le théâtre. Le premier s'élargit et grandit chaque jour; le second s'épuise et tend à retomber aux tréteaux. Cela provient, selon moi, de ce que le roman est dans le courant du siècle, dans ce courant naturaliste qui emporte tout. Au contraire, le théâtre résiste, s'entête dans des combinaisons ridicules, refuse la vie qui déborde autour de lui. La routine, les engouements du public, la complicité de la critique, l'enfoncent davantage. On prévoit le résultat: si, dans un temps donné, une rénovation n'a pas lieu, le théâtre roulera de plus bas en plus bas; car il est impossible que la foule, nourrie des vérités du roman, ne se dégoûte pas tout à fait des enfantillages laborieux des auteurs dramatiques. D'ailleurs, de même que le théâtre a régné au dixseptième siècle, peutêtre au dixneuvième siècle le roman doitil régner à son tour.

Je reviens à MM. Jules Kervani et Pierre de l'Estoile, et je conclus. Sans doute, ils ont fait preuve d'un effort louable en produisant l'Obstacle. Mais ils débutent, ils ont de l'ambition, ils désirent monter le plus haut possible. Alors, je crois devoir leur dire ce que personne ne leur a dit. La pièce à situations, si honorablement qu'on la traite, reste une oeuvre inférieure. Ils auraient dénoué l'Obstacle d'une façon plus habile encore, qu'ils n'auraient jamais été que des joueurs d'échecs. S'ils veulent grandir, ils doivent se hausser jusqu'à l'étude de l'homme, aborder les passions, nouer et dénouer leurs drames par les seules passions. Plus haut, toujours plus haut! Tâchez de monter dans la vérité et dans le génie! Tel est, selon moi, le seul langage qu'un critique ait lieu de tenir aux débutants qui arrivent avec leur jeunesse et leur bonne volonté.

## IV

MM. Aurélien Scholl et Armand Dartois ont donné à l'Odéon une très agréable comédie, qui a eu un joli succès d'esprit.

Le titre le Nid des autres, dit le sujet d'une façon charmante. Il s'agit d'une certaine Désirée Blavière, dont le passé est fort louche, et qui a pris le titre sonore et romanesque de comtesse de Villetaneuse. Cette dame, à laquelle un Russe cosmopolite et original, toujours en voyage, M. Cramer, a eu l'étrange idée de confier sa fille Mathilde, vivait à Cannes de la pension que le père lui payait, lorsque l'envie lui est venue de marier Mathilde pour se faire à ellemême un intérieur. Un garçon riche, Rodolphe, épouse l'héritière, et Désirée s'installe chez eux avec ses trois enfants. C'est là le nid des autres.

On voit dès lors comment l'action s'engage. Désirée est plus impérieuse et plus exigeante qu'une bellemère. Elle a fait le bonheur des époux, elle le leur rappelle à chaque minute et exige une reconnaissance éternelle. C'est elle qui gouverne, qui dispose des chambres de la maison, qui se sert des voitures, qui commande les domestiques. Et, à la moindre observation, elle éclate en reproches et en lamentations. Rodolphe sent bien vite qu'il s'est donné un maître. Mais, lorsqu'il veut sauver son bonheur menacé, tout un drame commence. Désirée exerce sur Mathilde un empire absolu. Elle fâche les époux, elle emmène la jeune femme et la pousse à plaider en séparation.

Les choses finiraient fort mal sans doute, si Rodolphe n'avait pour ami un jeune peintre, Montbrisson, qui arrive fort dépenaillé au premier acte, mais qui est un garçon de belle humeur et de talent. Rodolphe l'installe chez lui. C'est encore le nid des autres, habité seulement par un oiseau qui paye son gîte en égayant ses hôtes et en veillant sur leur bonheur. A la fin, quand Montbrisson reparaît, il s'est réconcilié avec son père et il n'a qu'un mot à dire pour confondre la prétendue comtesse de Villetaneuse, dont il vient d'apprendre l'histoire. Aije besoin d'ajouter que cet excellent Montbrisson épouse une soeur de Rodolphe, que les auteurs ont mise là tout exprès? Je n'ai pas parlé non plus d'un certain Ducluzeau, un vieil ami de Désirée, qui pille aussi le nid des autres d'une façon impudente.

Il paraît que cette comédie, qui au fond n'est qu'un drame avorté, est une histoire tristement vraie, dont tout Paris s'est occupé autrefois. Et, à ce propos, M. Francisque Sarcey, le critique si écouté du Temps, faisait remarquer combien cette histoire portée au théâtre est devenue pauvre d'allures et même invraisemblable dans les détails. Sa remarque est fort juste, en apparence. Pendant les trois actes, j'ai été blessé par un je ne sais quoi, par des sousentendus qui m'échappaient et qui m'empêchaient de comprendre nettement la pièce. Ainsi, je ne m'expliquais pas du tout l'empire que Désirée exerce sur Mathilde. Comment se faitil que cette Mathilde, dont les auteurs font une charmante créature, puisse quitter de la sorte un mari qu'elle adore, pour suivre une amie et lui obéir en toutes choses? Évidemment, cela n'est ni logique ni acceptable. Et M. Sarcey part de là pour laisser entendre que, toutes les fois qu'on porte la vérité telle quelle sur les planches, elle y paraît forcément absurde.

La conclusion est inattendue, car je soupçonne au contraire que si, dans le Nid des autres, la situation paraît fausse, c'est que les auteurs n'ont point osé la mettre au théâtre dans sa monstrueuse vérité. Tout cela est si délicat que je ne saurais même insister. Il n'y a qu'une débauche qui puisse donner à Désirée son empire sur Mathilde. Dès lors, on comprend tout, et le drame qui s'ouvre est d'une grandeur abominable. Sans doute, c'était un sujet impossible. Seulement, qu'on ne vienne pas dire, en s'appuyant sur cet exemple, que la vérité exacte est absurde sur les planches; car ici, loin d'avoir reproduit la vérité exacte, les auteurs ont dû l'amputer violemment, la réduire à une fable inoffensive et peu intelligible. Imaginez certaines comédies d'Aristophane arrangées pour un public parisien.

Et l'embarras des auteurs a été si évident, lorsqu'ils ont abordé cette terrible figure de Désirée, qu'ils se sont résignés à la tourner au comique. Il faut la voir se jeter au cou de Mathilde, quand celleci revient de voyage; elle pousse de petits cris, elle se pâme, si bien qu'elle soulève des rires dans la salle. Le soir de la première représentation, on a trouvé ça drôle, on ne comprenait pas. Pourtant, j'étais un peu étonné. Cette exagération devaitelle être mise au compte de l'actrice? Je ne le crois pas aujourd'hui, je pense plutôt que les auteurs ont voulu indiquer ce qu'ils ne pouvaient dire. Leur pièce me fait l'effet d'un paravent charmant, un peu rococo, bon à mettre dans un salon, et derrière lequel se passe une effroyable aventure. Certes, ce n'est pas avec de tels éléments qu'on peut expérimenter si la vérité toute crue est possible ou impossible au théâtre. La vérité du Nid des autres ne se dit qu'à l'oreille.

Même admettons que l'histoire soit propre, il faudra toujours faire de Mathilde une femme sotte ou une femme méchante, si l'on veut expliquer sa fuite avec Désirée. Dans la réalité, on n'a jamais vu les jeunes épouses quitter leurs maris pour suivre des dames de leur connaissance. Si cela arrive, c'est qu'il y a des raisons, et il faut mettre ces raisons en lumière; autrement, les figures ne se tiennent plus debout. C'est une surprise, lorsque Mathilde s'en va avec Désirée, parce que l'analyse du personnage ne nous a pas préparés à cette action. L'écrivain qui étudie la vie, l'explique par là même, jusque dans ses inconséquences. Quand je demande qu'on porte la réalité au théâtre, j'entends qu'on y fasse fonctionner la vie, avec tous ses rouages, dans la merveilleuse logique de son labeur.

C'est donc une singulière idée que de parler de vérité exacte à propos du Nid des autres. Aucune pièce, au contraire, n'a dû être plus faussée. Et je n'ai pas encore cité ce

Montbrisson, qui est las de traîner partout, cet éternel Desgenais qui apporte dans sa poche un dénoûment enfantin. Estil assez factice, celuilà! Puis, comme cette Désirée se laisse aisément écraser! Dans la réalité, les Désirée triomphent toujours. C'est que là encore les auteurs ont voulu plaire. Décidés à rire de l'aventure, ils ont évité le drame par un tour d'escamotage. Mais, bon Dieu! sommesnous assez loin de l'histoire dont tout Paris s'est occupé!

Et saiton pourquoi les auteurs ont préféré une comédie aimable? C'est à coup sûr pour conquérir le public, qui exige des personnages sympathiques. On ne se doute pas de la quantité des pièces médiocres que la nécessité des personnages sympathiques fait écrire. Par exemple, on a un beau drame; seulement, on s'aperçoit que les héros ne sauraient plaire aux âmes sensibles; ce sont de grands passionnés ou de grands révoltés, qui marchent trop brutalement dans la vie; alors, on les chausse de pantoufles pour qu'ils fassent moins de bruit, on les taille, on les rogne, jusqu'à ce qu'ils soient dignes d'un prix de vertu. Et ce n'est pas tout, il faut établir une compensation, mettre deux honnêtes gens pour un gredin; c'est à peu près la proportion ordinaire. Mathilde est nulle et effacée, parce que, si elle était perverse, son mari ne pourrait la reprendre, et il faut pourtant qu'il la reprenne au dénoûment. D'autre part, les auteurs ont ajouté Montbrisson, pour compenser Désirée. Nous touchons là à la plaie de médiocrité du théâtre.

Je prends le Nid des autres, non comme un exemple de ce que devient la réalité au théâtre, mais comme un exemple de ce que l'on fait de la réalité au théâtre. Et cet exemple est caractéristique, lorsqu'on l'étudie.

41

# V

Les pièces à thèse sont de fâcheuses pièces. Elles argumentent au lieu de vivre. Comme toute question a deux faces, le pour et le contre, elles ne plaident fatalement qu'une opinion, elles n'ont qu'un côté de la réalité. Or, l'art est absolu. Les pièces à thèse sont donc en dehors de l'art, ou du moins ont toute une partie de discussion qui encombre et rabaisse l'oeuvre entière.

Voici, par exemple, MM. A. Decourcelle et J. Claretie qui viennent de faire jouer au Gymnase un drame en quatre actes, le Père, dans lequel ils ont voulu prouver des vérités délicates et fort discutables. Selon eux, le père adoptif qui élève un enfant est plus le père de cet enfant que le véritable père qui l'a abandonné. La voix du sang n'existe pas. Il ne suffit point de donner par hasard l'être à une créature pour se dire son père, il faut encore achever cette naissance en faisant une belle âme de cette créature. Tout cela est parfait en théorie, et même beau; seulement, dans la réalité, les choses prennent une allure moins nette, le bien et le mal se mêlent, et il est singulièrement difficile de se prononcer.

Les pièces à thèse ont surtout ceci de fâcheux, que les auteurs peuvent et doivent les arranger pour leur faire signifier ce qu'ils veulent. Tous les paradoxes sont permis au théâtre, pourvu qu'on les y mette avec esprit. On a un plaidoyer, on n'a pas la vérité. Si l'on dérange une seule des poutres de l'échafaudage, tout croule. C'est un château de cartes qu'il faut considérer de loin, en évitant de le renverser d'un souffle.

Ainsi, on ne s'imagine pas toutes les précautions que les auteurs ont dû prendre pour faire tenir leur drame debout. D'abord, il s'agissait de donner le père adoptif, M. Darcey, comme l'homme le plus sympathique du monde, honnête, loyal, un héros. Par contre, il fallait présenter le père véritable comme un gredin, tout en lui laissant l'apparence d'un homme du monde; et M. de SaintAndré est devenu un viveur, un profil romantique de misérable dont les bottines vernies foulent toutes les choses saintes. Mais cela ne suffisait pas. Pour creuser l'abîme entre l'enfant et le vrai père, les auteurs ont dû inventer un viol de la mère: M. de SaintAndré a violé madame Darcey et a disparu sans même savoir que la malheureuse femme est morte de cet attentat, après avoir donné le jour au petit Georges.

Estce tout? les faits se trouvaientils dès lors combinés de façon à pouvoir soutenir la thèse? Non, il était nécessaire de fausser encore d'un coup de pouce la réalité. M. Darcey avait élevé Georges. Seulement, il ne fallait pas que Georges connût le mystère de sa naissance. Il devait l'apprendre à vingtcinq ans, pour être frappé par ce coup de foudre, et en recevoir un tel ébranlement, qu'il se mît immédiatement à la recherche de son père, dans un but étrange que je dirai tout à l'heure.

Alors, afin d'obtenir les situations voulues, les auteurs ont imaginé le premier acte suivant. Georges attend M. Darcey, qui revient d'Amérique. Il l'attend avec d'autant plus d'impatience qu'il doit épouser, dès son retour, une jeune fille qu'il aime, mademoiselle Alice Herbelin. Mais il n'est pas sans inquiétude. On n'a pas de nouvelles du SaintLaurent, qui ramène M. Darcey. Brusquement, une dépêche arrive, annonçant la perte du SaintLaurent sur les côtes de Bretagne. Georges sanglote, et son désespoir est tel qu'il veut se tuer. C'est à ce moment que Borel, un vieil employé de la maison, pour empêcher ce suicide, raconte au jeune homme que M. Darcey n'est pas son père. Naturellement, tout de suite après cet aveu, M. Darcey se présente. Il a été sauvé. Georges se jette d'abord dans ses bras, puis il se montre troublé, et une explication a lieu. A la fin de l'acte, le jeune homme, ajournant son mariage, part à la recherche de son père, pour venger sa mère.

On voit quels événements peu naturels les auteurs ont dû employer pour arriver à justifier leur donnée première. Je passe encore sur la singulière dépêche qui détermine le désespoir de Georges; il y a là une histoire de capitaine remplacé pendant la traversée qui est enfantine. Ce qui est plus grave, c'est la situation fausse de ce jeune homme, dont la première idée est de se faire sauter la cervelle, parce que son père est mort. Je doute que les auteurs aient à citer un fait réel pour appuyer leur fable. Je ne dis point que la perte d'un être cher ne puisse pas tuer, après des journées de larmes. Mais, là, brusquement, prendre un pistolet, c'est bien peu vraisemblable. Évidemment, les auteurs n'ont pas eu d'autre but que d'amener la confidence de Borel, à l'aide de ce suicide. S'ils ont éprouvé un instant des scrupules, ils se sont ensuite persuadé que le désespoir de Georges allant jusqu'à vouloir mourir, était une excellente note pour leur pièce, en ce sens que ce désespoir montrait l'affection passionnée du jeune homme à l'égard de M. Darcey.

J'insiste maintenant sur la stupéfiante détermination du fils partant à la découverte de son père pour venger sa mère. M. Darcey lui a raconté que la malheureuse femme avait été violée dans une auberge des Pyrénées, près de Luchon. Longtemps il a cherché le misérable pour le tuer. Vingtcinq ans se sont passés, l'aventure est oubliée, tout porte à croire qu'une nouvelle enquête ne saurait aboutir. N'importe, Georges entend partir surlechamp, et il emmène Borel. Les actes suivants vont être consacrés à cette étrange chasse qu'un fils donne à son père.

Je m'arrête et je me demande quels peuvent être, au juste, les sentiments qui animent Georges. Voilà un garçon qui va se marier avec une jeune fille qu'il adore; voilà un fils qui retrouve un père qu'il a cru mort, et il abandonne cette jeune fille et ce père pour se donner la mission la plus lamentable et la moins utile qu'on puisse imaginer. Cela estil croyable? Remarquez que tout ce petit monde est tranquille et heureux. A quoi bon remuer un passé mort, à quoi bon soulever une lutte effroyable dans tous ces coeurs? Le vrai père est un gredin: eh bien! que ce gredin aille se faire pendre ailleurs; son fils n'a pas à jouer le rôle de justicier, et s'il joue ce rôle, c'est uniquement pour permettre à MM. Decourcelle et Claretie de faire un drame. Dans la réalité, à moins d'être fou, Georges dirait simplement à M. Darcey: «Mon véritable père, c'est vous. Je ne veux pas savoir si j'en ai un autre. Aimonsnous comme par le passé, et vivons en paix.» Seulement, je le répète, dans ce cas, il n'y avait pas de pièce.

Georges est parti en guerre contre son père. Nous le retrouvons avec Borel, dans l'auberge des Pyrénées, où l'attentat a été commis. Un quart de siècle s'est écoulé, personne naturellement ne peut le renseigner. Le second acte ne contient guère que deux scènes, deux interrogatoires que le jeune homme fait subir, l'un à un paysan, l'autre à un vieux militaire, le père Lazare, que l'âge et la boisson ont abêti. Il tire enfin de ce dernier un renseignement: l'homme qu'il cherche, son père, lui ressemble. Et c'est avec cette seule indication qu'il reprend ses recherches.

Au troisième acte, Georges, qui va partout, se fait présenter par un ami chez une fille galante, un soir de fête, dans une villa des environs de Luchon. Le hasard le met en présence d'une femme, lasse et désabusée, qui traverse la pièce en maudissant les hommes. Voilà, certes, une figure d'une fraîcheur douteuse. Mais l'important est qu'elle porte un bracelet, sur lequel se trouve le portrait de SaintAndré. Enfin Georges tient la bonne piste. SaintAndré luimême arrive. Les auteurs ont aussitôt accumulé les couleurs noires sur son compte: il lance les maximes les plus abominables; il se montre joueur, libertin, sans foi ni loi; il donne des leçons de vice à Georges et finit par lui raconter nettement le viol de sa mère, comme un bon tour qu'il a fait dans le temps. C'est vraiment trop commode de bâtir ainsi un mauvais père, juste sur le patron d'infamie que l'on désire.

Le dénoûment, le quatrième acte, se passe encore dans l'auberge. SaintAndré et ses amis vont partir pour une chasse à l'ours. Georges, qui est de la bande, pose la thèse sur laquelle repose la pièce, et une discussion s'engage, où l'on dit ses vérités à la voix du sang. Puis, Georges, convaincu par cette discussion, livre son vrai père à son père adoptif, qui se trouve dans une pièce voisine. Un duel a lieu, pendant lequel le jeune homme se tord les bras. M. Darcey rentre, il a tué SaintAndré. Alors, Georges se jette dans les bras du survivant, en criant: «Mon père! mon père!» et M. Darcey répond: «Mon fils! oui, mon fils!» Comme on le dit après la solution de tout problème, c'est ce qu'il fallait démontrer.

Je crois inutile de rentrer dans la discussion de la thèse. Les auteurs ont voulu cela. Mais le premier venu peut vouloir autre chose, la thèse absolument contraire par exemple, et le premier venu n'aura qu'à arranger un autre drame, pour avoir également raison. La question d'art seule demeure, et j'ai le regret de constater que l'argumentation a fait un tort considérable au mérite littéraire de l'oeuvre, en torturant les faits et en embarrassant le dialogue de plaidoyers inutiles. Les personnages n'obéissent plus à un caractère, mais à une situation; ils font ceci et cela, non pas parce que leur nature est de le faire, mais parce que les auteurs veulent qu'ils le fassent. Dès lors, nous avons des pantins au lieu de créatures vivantes.

# VI

Je retrouve M. Louis Davyl à l'Odéon, avec une comédie en trois actes: Monsieur Chéribois. Avant tout, j'analyserai l'oeuvre. Ensuite, je me permettrai de la juger et d'en tirer une leçon, s'il y a lieu.

M. Chéribois est un bourgeois de Joigny qui passe grassement sa vie dans un égoïsme bien entendu. Il n'a autour de lui que des femmes qui le gâtent: madame Chéribois d'abord, puis sa filleule, Henriette, et la vieille bonne de la famille, Marion. Tout le premier acte sert à peindre cet intérieur cossu et tranquille, dans lequel le bon M. Chéribois ne tolère pas le pli d'une rose. Cependant, il attend ce jourlà son fils Paul, qui est en train de faire fortune à Paris, chez un agent de change. Il est même allé le chercher à la gare, et il revient très maussade, parce que Paul n'est pas arrivé. La vérité est que ce malheureux garçon rôde autour de la maison depuis le malin; il a joué à la Bourse et a perdu cent mille francs; il explique à sa mère épouvantée qu'il est déshonoré, s'il ne paye pas. Mais lorsque M. Chéribois apprend l'aventure, il refuse tout net les cent mille francs. Tant pis si son fils est un imbécile! Voilà la tranquille maison bouleversée, et l'égoïste seul y dînera paisiblement le soir.

Au second acte, madame Chéribois tente vainement de sauver son fils. Elle se rend chez le notaire Violette, où déjà Henriette et la vieille Marion sont venues faire assaut de dévouement, en tâchant de réaliser leur petite fortune pour la donner à Paul. Mais toutes les tendresses de la mère se brisent contre la loi; elle ne peut disposer d'aucun argent sans le consentement de son mari. Alors, elle se lamente, et, M. Chéribois se présentant à son tour, une explication cruelle a lieu entre eux. Il ne cède pas, la situation reste plus tendue.

Enfin, au troisième acte, le dénoûment est amené par une intrigue secondaire. Un neveu de M. Chéribois, Laurent, possède pour toute fortune une vigne que son oncle guette depuis longtemps. Justement, la fille du notaire, Cécile, est aimée de Laurent. Il se décide à vendre sa vigne à son oncle pour le prix de soixantequinze mille francs, puis à prêter cet argent à Paul. Autre complication: M. Chéribois veut payer ces soixantequinze mille francs sur une somme de cent mille francs qu'il vient de faire porter chez un banquier par Bidard, le clerc de M° Violette. Et voilà qu'on lui annonce la fuite de ce banquier. Il se désole. Enfin, quand il apprend que Bidard, prévenu à temps, ne s'est pas dessaisi de la somme, il se laisse attendrir et consent à donner les cent mille francs à son fils.

Je commencerai par la critique. Qui ne comprend que ce dénoûment est fâcheux? Pendant les deux premiers actes, M. Louis Davyl s'est tenu dans une étude très simple et très juste d'un petit coin de la vie de province. On ne sent nulle part la convention théâtrale, les recettes connues, la routine des expédients et des ficelles du métier. Rien de plus charmant, de mieux observé et de mieux rendu. Et voilà tout d'un coup que l'auteur paraît avoir peur de cette belle simplicité; il se dit que ça ne peut pas finir comme ça, que ce serait trop nu, qu'il faut absolument corser le troisième acte. Alors, il ramasse cette vieille histoire des cent mille francs qu'on croit perdus et qu'on retrouve dans la poche d'un clerc fantaisiste. Il force le coffrefort de son égoïste par un tour de passepasse, au lieu de chercher à amener le dénoûment par une évolution du caractère du personnage.

Le pis est que M. Louis Davyl a fait la scène qu'il fallait faire, et qu'il l'a même très bien faite. Quand M. Chéribois rentre chez lui à la nuit tombante, il ne trouve plus personne, ni sa femme, ni sa nièce, ni la vieille bonne. Il n'y a pas même de lampe allumée. Le nid où il se fait dorloter depuis un demisiècle est désert et froid, lentement empli d'une ombre inquiétante. Alors, il est pris de peur, il tremble qu'on ne l'abandonne, il grelotte à la pensée qu'il n'aura plus là trois femmes pour prévenir ses moindres désirs. Et il se lance à travers les pièces, il appelle, il crie. C'est lui, dès lors, qui est à la merci de son entourage. J'aurais voulu qu'a ce moment il fût vaincu par le seul fait de son abandon, que son caractère d'égoïste lui arrachât ce cri: «Tenez! voilà les cent mille francs, rendezmoi ma tranquillité et mon bienêtre.»

Remarquez que M. Chéribois obéissait ainsi jusqu'au bout à sa nature. Après avoir résisté par égoïsme, il consentait par égoïsme. Son vice le punissait, sans que l'auteur eût à le transformer. D'autre part, il faut songer que M. Chéribois n'est pas un avare; il se nourrit merveilleusement et tient à digérer dans de bons fauteuils. S'il refuse de donner les cent mille francs, c'est qu'il songe sans doute à toutes les satisfactions personnelles qu'il peut se procurer avec une pareille somme. Rien d'étonnant dès lors à ce qu'il les donne, dès que son refus menace de gâter son existence entière. Je le répète, le dénoûment naturel était là, et pas ailleurs.

Tout le reste, les cent mille francs promenés dans la poche de Bidard, le bel expédient de Lucile, décidant Laurent à vendre sa vigne, n'est réellement là que pour tenir de la place. Ce sont des complications enfantines, imaginées en dehors de toute observation, ajoutées par l'auteur dans le but d'occuper les planches. Je crois le calcul fâcheux. L'effet obtenu aurait grandi, si le troisième acte avait continué la belle et touchante simplicité des deux premiers. M. Louis Davyl a eu le tort de ne pas pousser magistralement son étude jusqu'au bout. Il s'est dit qu'une «pièce» était nécessaire, lorsque, selon moi, une «étude» suffisait et donnait à l'idée une ampleur superbe. On a tort de se défier du public, de croire qu'il exige de la convention. Ce sont les deux premiers actes qui ont surtout charmé la salle. Jamais M. Louis Davyl n'aura laissé échapper une si belle occasion de laisser une oeuvre.

Telle qu'elle est, pourtant, la pièce est une des meilleures que j'aie vues cette année. J'ai été très heureux de son succès, car ce succès me confirme dans les idées que je défends. Voilà donc le naturalisme au théâtre, je veux dire l'analyse d'un milieu et d'un personnage, le tableau d'un coin de la vie quotidienne. Et l'on a pris le plus grand plaisir à cette fidélité des peintures, à cette scrupuleuse minutie de chaque détail. Le premier acte est vraiment charmant de vérité; on dirait le début d'un roman de Balzac, sans la grande allure. Que m'affirmaiton, que le théâtre ne supportait pas l'étude du milieu? Allez voir jouer Monsieur Chéribois, et, ce qui vous séduira, ce sera précisément cette maison de Joigny, si tiède et si douce, dans laquelle vous croirez entrer.

Pour moi, M. Louis Davyl fera bien de s'en tenir là. Sa voie est trouvée. Quand il s'est lancé dans la littérature dramatique, après une vie déjà remplie, il a déployé une activité fiévreuse, il a voulu tenter toutes les notes à la fois. J'ai vu de lui des pièces bien médiocres, entre autres de grands mélodrames où il pataugeait à la suite de Dumas père et de M. Dennery. J'ai vu un drame populaire, dans lequel, à côté d'excellentes scènes prises dans le milieu ouvrier, il y avait une accumulation de vieux clichés intolérables. De tout son bagage, il ne reste que la Maîtresse légitime et Monsieur Chéribois. La conclusion est facile à tirer. J'espère que l'expérience est désormais faite pour lui; il doit s'en tenir aux pièces d'observation et d'analyse, il doit ne pas sortir du théâtre naturaliste, s'il veut enfin conquérir et garder une haute situation. On a pu comprendre qu'il se cherchât et qu'il tâtât le public; on ne comprendrait plus qu'il ne se fixât pas où paraît aller le succès et où se trouve évidemment son tempérament d'auteur dramatique.

# VII

La comédie en quatre actes de M. Albert Delpit: le Fils de Coralie a obtenu un véritable succès au Gymnase.

En quelques lignes, voici le sujet. Une fille, Coralie, qui a scandalisé Paris par sa débauche, s'est retirée en province, après fortune faite, pour se consacrer tout entière à l'éducation de son fils Daniel. L'enfant a grandi, il est aujourd'hui capitaine, et un capitaine extraordinairement pur, noble, bon, délicat, grand, chaste, intègre, magnanime. Naturellement, il ignore les anciennes farces de sa mère, qui s'est modestement dérobée sous le nom de madame Dubois. C'est alors que le capitaine veut épouser la fille d'une respectable famille de Montauban, Edith Godefroy. Les deux jeunes gens s'adorent, sa prétendue tante donne à Daniel une somme de neuf cent mille francs, une fortune dont on lui aurait confié la gestion; tout irait pour le mieux, si un ancien viveur, M. de Montjoye, ne reconnaissait pas d'abord Coralie, et si ensuite le notaire Bonchamps ne mettait pas à néant le roman naïf de madame Dubois, en lui posant les questions nécessaires à la rédaction du contrat. Elle se trouble, et la grande scène attendue, la scène d'explication entre elle et son fils, se produit alors. Au dernier acte, le mariage ne se ferait naturellement pas, si Edith ne déclarait publiquement, dans un étrange coup de tête, qu'elle est la maîtresse de Daniel. M. Godefroy, vaincu par ce moyen un peu raide de comédie, se décide à les unir, à la condition que Coralie se retirera dans un couvent.

Avant tout, examinons la question de moralité. Je crois savoir que M. Delpit est à cheval sur la morale. Sa prétention, me diton, est d'écrire des oeuvres dont les femmes ne rougissent pas, et dont l'influence salutaire doit améliorer l'espèce humaine, par des moyens tendres et nobles.

Or, j'avoue avoir cherché la vraie moralité du Fils de Coralie, sans être encore parvenu à la découvrir. Estce à dire que les filles ne doivent pas avoir de fils, ou bien qu'elles doivent éviter d'en faire des capitaines immaculés, si elles en ont? Non, car Daniel est en somme parfaitement heureux à la fin, et il serait fils d'une sainte, qu'il n'aurait pas à remercier davantage la Providence. L'auteur ne dit même pas aux dames légères de Paris: «Voyez combien vos désordres retomberont sur la tête de vos fils; vous serez un jour punies dans leur bonheur brisé.» Au demeurant, Coralie est pardonnée; elle s'enterre bien au couvent, mais quelle fin heureuse pour une vieille catin, lasse de la vie, s'endormant au milieu des tendresses câlines des bonnes soeurs! car je me plais à ajouter un cinquième acte, à voir Coralie mourir dans le sein de l'Église et laisser sa fortune pour les frais du culte. C'est la mort enviée de toutes les pécheresses, l'argent du Diable retourne au bon Dieu. Et remarquez que celleci a, en outre, la joie de savoir son fils bien établi.

Donc, la moralité est ici fort obscure. La seule conclusion qu'on puisse tirer, me paraît être celleci, adressée aux filles trop lancées: «Tâchez d'avoir un fils capitaine et pur pour qu'il vous refasse une virginité sur le tard,» moyen un peu compliqué, qui n'est pas à la portée de toutes ces dames.

Mais soyons sérieux, laissons la morale absente, et arrivons à la question littéraire. C'est la seule qui doive nous intéresser. J'ai simplement voulu montrer que les écrivains moraux sont généralement ceux dont les oeuvres ne prouvent rien et ne mènent à rien. On tombe avec eux dans l'amphigouri des grands sentiments opposés aux grandes hontes, dans un pathos de noblesse d'une extravagance rare, lorsqu'on le met en face des réalités pratiques de la vie.

Les deux premiers actes sont consacrés à l'exposition. Rien de saillant, mais des scènes d'une grande netteté et bien conduites. Je ne fais des réserves que pour la langue; c'est trop écrit, avec des enflures de phrases, tout un dialogue qui n'est point vécu. Maintenant, je passe au troisième acte, le seul remarquable. Il mérite vraiment la discussion.

Nulle part je n'ai encore lu les raisons qui, selon moi, ont fait le grand et légitime succès de cet acte. Presque tous les critiques se sont exclamés sur la coupe même de l'acte, sur la facture des scènes, sur le pur côté théâtral, en un mot. Il semble, d'après eux, que M. Delpit ait réussi, parce qu'il a coulé son oeuvre dans un moule connu. Eh bien! je crois être certain, pour ma part, que M. Delpit doit son succès à la quantité de vérité qu'il a osé mettre sur les planches; cette quantité n'est pas grande, il est vrai, et le public, en applaudissant, a pu très bien ne pas se rendre un compte exact de ce qu'il applaudissait. Mais le fait ne m'en paraît pas moins facile à démontrer.

Voyez la scène du notaire. Rien de plus simple, de plus logique ni de plus fort. Voilà un homme dans l'exercice de sa profession; il pose les questions qu'il doit poser, et ce sont justement ces questions, si naturelles, qui déterminent la catastrophe. Ici, nous ne sommes plus au théâtre; il ne s'agit plus de ce qu'on nomme «une ficelle», un expédient visible, consacré, usé, passé à l'état de loi. Nous sommes dans la vie ordinaire, dans ce qui doit être. Aussi l'effet atil été immense. Toute la salle était secouée. La preuve estelle assez concluante, et me donnetelle assez raison? Voilà ce qu'on obtient avec la vérité banale de tous les jours.

Et ce n'est pas tout. Voyez Coralie pendant cette scène et les suivantes. Tout un coin de la vraie fille est risqué ici fort habilement et dans une juste mesure des nécessités scéniques. D'abord, voici la fille avec son roman naïf, son histoire d'une soeur à elle qui aurait laissé neuf cent mille francs à Daniel; elle ne s'est pas inquiétée des lois qu'elle ignore, elle s'est contentée d'un de ces mensonges qu'elle a faits cent fois à ses amants et dont ceux-ci se sont toujours montrés satisfaits. Aussi se trouble-t-elle tout de suite, lorsque le notaire la met en face des réalités. C'est un château de cartes qui s'écroule, et elle en reste suffoquée, éperdue, sans force pour mentir de nouveau, pleurant comme une enfant. L'observation est excellente; une fois encore, nous sommes dans la vie. J'en dirai de même pour certaines parties de la grande scène entre Coralie et son fils, tout en faisant pourtant des réserves, car l'auteur ici verse singulièrement dans la déclamation et dans les gros effets inutiles. J'aurais voulu plus de discrétion dramatique, certain que le coup porté sur le public aurait encore grandi. Rien de meilleur que l'embarras de Coralie, lorsque Daniel lui demande le nom de son père; très juste également la conclusion de la scène, le pardon du fils acceptant sa mère, quelle qu'elle soit. Seulement, c'est là que je voudrais moins de rhétorique. Daniel fait des phrases sur la rédemption, sur l'honneur, sur la famille. A quoi bon ces phrases, dont on rirait dans la réalité? Pourquoi ne pas parler simplement et dire tout juste ce que Daniel dirait, s'il était seul à seule avec sa mère, dans une chambre? Toujours l'idée qu'on est au théâtre et qu'il faut donner un coup de pouce à la vérité, si l'on veut obtenir l'émotion, lorsqu'il est démontré au contraire que la plus forte émotion naît de la vérité la plus franche et la plus simple.

Tel est donc, pour moi, le grand mérite de ce troisième acte. Daniel reste en bois, sauf deux ou trois cris, car Daniel est un être abstrait, fait sur un type ridicule de perfection. Mais Coralie se montre bien vivante, et cela suffit pour donner à l'acte un souffle de vie. Je le répéterai: l'acte a réussi parce que, d'un bout à l'autre, il échappe aux ficelles ordinaires, et qu'il obéit simplement à des ressorts logiques et humains, pris dans le caractère même des personnages. Je n'insisterai pas sur le quatrième acte, bien qu'il contienne peut-être la pensée morale et philosophique de l'auteur. En tout cas, je vois là une concession aux nécessités scéniques qui diminue l'oeuvre et lui enlève toute largeur.

Maintenant, M. Delpit me permettra-t-il de lui donner quelques conseils, comme mon métier de critique m'y oblige? Je vois partout qu'on l'acclame et qu'on le grise, en le poussant dans une voie qui me paraît fâcheuse. Ainsi, je nommerai M. Sarcey, dont l'autorité est réelle en matière dramatique, et qui, selon moi, fait beaucoup de victimes par les enseignements de son feuilleton. Écoutez ce qu'il écrit à propos du Fils de Coralie: «La belle chose que le théâtre! Personne à ce moment ne pensait plus à l'indignité de la mère, à l'impossibilité du sujet. Personne ne songeait plus à chicaner son émotion. On avait en face une mère et un fils dans une situation terrible, et les répliques jaillissaient à coups pressés comme des éclats de foudre. Tout le reste avait disparu.» Cela revient à dire en bon français: «Moquez-vous de la vraisemblance, moquez-vous du bon sens, mettez simplement des pantins l'un devant l'autre, dans des situations préparées, et comptez sur l'émotion du public pour être absous: tel est le théâtre qui est une belle chose.» D'ailleurs, je le sais, M. Sarcey ne se fait pas une autre idée du théâtre, il le juge au point de vue de la consommation courante du public. Eh bien! que M. Delpit s'avise d'écouter M. Sarcey, de croire que tous les défauts disparaissent, lorsqu'on a fait rire ou pleurer une salle, et il verra le beau résultat à sa cinquième ou sixième pièce!

Non, il n'est pas vrai que tout disparaisse dans l'émotion purement nerveuse du public. A ce compte, les mélodrames les plus gros et les plus bêtes seraient des chefsd'oeuvre inattaquables, car ils ont bouleversé de gaieté et de douleur des générations entières. Non, le théâtre n'est pas une belle chose, parce qu'on peut y duper chaque soir quinze cents personnes, en leur faisant avaler des choses très médiocres dans un éclat de rire ou dans un flot de larmes. C'est au contraire pour cette raison que le théâtre est inférieur. Il n'est pas honorable d'ébranler la raison des spectateurs par des situations violentes, au point de les rendre imbéciles, et cela n'est permis qu'aux pièces sans littérature. Où M. Sarcey atil vu que la situation faisait tout oublier? dans le répertoire des boulevards, dans nos pièces romantiques qui mêlent l'habileté de Scribe à la fantasmagorie de Victor Hugo. Mais qu'il cite un chefd'oeuvre qui soit un chefd'oeuvre en dehors de l'observation humaine et de la beauté littéraire du dialogue. Il faut toujours voir le chefd'oeuvre; rien ne me paraît désastreux pour la critique comme cet engourdissement dans le traintrain quotidien de nos théâtres, qui ne met rien au delà du succès immédiat d'une pièce et qui rapporte tout à la consommation courante du public. Sans doute, les chefsd'oeuvre sont rares; mais c'est pour le chefd'oeuvre que nous travaillons tous. Peu importent les fabricants, ils ne méritent pas qu'on discute sur leur plus ou leur moins de médiocrité.

Je dirai donc à M. Delpit de ne pas trop se fier aux situations, à l'émotion qu'il peut déterminer en heurtant des marionnettes, placées dans de certaines conditions. Ce métier ne réussit même plus aux vieux routiers du mélodrame. S'il n'avait mis dans sa comédie que des invraisemblances et des conventions, comme M. Sarcey paraît le croire, sa comédie tomberait aujourd'hui devant l'indifférence publique. Ce n'est pas grâce aux situations que le Fils de Coralie a réussi, car nous avons vu d'autres situations aussi puissantes et plus neuves ne pas toucher les spectateurs; c'est grâce à la somme de vérité que l'auteur a osé apporter dans les situations, comme j'ai tâché de le prouver. M. Sarcey ne dit pas un mot de cela. Il ajoute même que, lorsqu'une salle pleure, il n'y a plus à discuter; alors qu'on nous ramène à Lazare le Pâtre, dont on vient de faire quelque part une reprise si piteuse. Le preuve que rien ne disparaît, même dans le succès, c'est que le capitaine Daniel reste un personnage en bois pour tout le monde, c'est que le quatrième acte empêchera toujours le Fils de Coralie d'être une oeuvre de premier ordre. Le public, que l'on croit pris tout entier quand on l'a vu rire ou pleurer, a de terribles revanches; il juge son émotion et il se révolte, si l'on s'est moqué de lui. Telle est l'explication du dédain que nos petitsfils montreront pour certaines oeuvres acclamées aujourd'hui dans nos théâtres.

M. Delpit vient de révéler un tempérament d'homme de théâtre. Maintenant, il faut qu'il produise. Deux routes s'ouvrent devant lui: l'oeuvre de convention et l'oeuvre de vérité, l'analyse humaine et la fabrication dramatique. Dans dix ans, on le jugera.

## LA PANTOMIME

Il vient de se faire, au théâtre des Variétés, une tentative très intéressante, et dont le succès a d'ailleurs été complet. Je veux parler de l'introduction de la pantomime dans la farce. Frappé du triomphe que les HanlonLees, ces mimes merveilleux, obtenaient aux FoliesBergère, le directeur des Variétés a eu l'idée heureuse de commander une pièce, une farce, dans laquelle les auteurs leur ménageraient une large part d'action. Il s'agissait donc de leur fournir un thème, de les placer dans un cadre dialogué, où ils pussent se mouvoir avec aisance. Le projet était des plus ingénieux et des plus tentants. C'était produire les Hanlon devant le grand public et élargir leur drame muet d'un drame parlé, qui ménagerait l'attention des spectateurs.

Nous ne sommes pas en Angleterre, où l'on supporte parfaitement une pantomime en cinq actes durant toute une soirée. Notre génie national n'est point dans cette imagination atroce d'une grêle de gifles et de coups de pied tombant pendant quatre heures, au milieu d'un silence de mort. L'observation cruelle, l'analyse féroce de ces grimaciers qui mettent à nu d'un geste ou d'un clin d'oeil toute la bête humaine, nous échappent, lorsqu'elles ne nous fâchent pas. Aussi fautil, chez nous, que la pantomime ne soit que l'accessoire, et qu'il y ait des points de repos, pour permettre aux spectateurs de respirer. De là l'utilité du cadre imposé à MM. Blum et Toché, les auteurs du Voyage en Suisse. Ils ont été chargés de présenter les Hanlon au grand public parisien, en motivant leurs entrées en scène et en embourgeoisant le plus possible la fantaisie sombre de leurs exercices.

Le gros reproche que j'adresserai aux auteurs, c'est d'avoir trop embourgeoisé cette fantaisie. Leur scénario n'est guère qu'un vaudeville, et un vaudeville d'une originalité douteuse. Cet expharmacien qui se marie et que des farceurs poursuivent pendant son voyage de noces, pour l'empêcher de consommer le mariage, n'apporte qu'une donnée bien connue. Encore ne chicaneraiton pas sur l'idée première, qui était un point de départ de farce amusante; mais il aurait fallu, dans les développements, dans les épisodes, une invention cocasse, une drôlerie poussée à l'extrême, qui aurait élargi le sujet, en le haussant à la satire enragée. Mon sentiment tout net est que le train de la pièce est trop banal, trop froid, et que, dès que les Hanlon paraissent, avec leur envolement de farceurs lyriques, ils y détonnent.

Souvent, lorsqu'on sort d'une féerie, on regrette que toutes ces splendeurs soient dépensées sur des scénarios si médiocres, on se dit qu'il faudrait un grand poète pour parler la langue de ce peuple de fées, de princesses et de rois. Eh bien! ma sensation a été la même devant le Voyage en Suisse. J'ai regretté qu'un observateur de génie, qu'un grand moraliste n'ait pas écrit pour les Hanlon la pièce profondément humaine, la satire violente et au rire terrible que ces artistes si profonds mériteraient d'interpréter. Leur puissance de rendu, leurs trouvailles d'analystes impitoyables, font éclater les plaisanteries faciles du vaudeville. Il leur faudrait, pour être chez eux, du Molière ou du Shakespeare. Alors seulement ils donneraient tout ce qu'ils sentent.

J'insiste, parce que, malgré leur très vif succès, on ne m'a pas paru les goûter à leur haut mérite. Ils sont de beaucoup supérieurs au canevas qu'on leur a fourni. Lorsqu'ils étaient livrés à euxmêmes, aux Folies Bergère, ils trouvaient des scènes d'une autre profondeur et qui vous faisaient passer à fleur de peau le petit frisson froid de la vérité. En un mot, leur pantomime a un au delà troublant, cet au delà, de Molière qui met de la peur dans le rire du public. Rien n'est plus formidable, à mon avis, que la gaieté des Hanlon, s'ébattant au milieu des membres cassés, et des poitrines trouées, triomphant dans l'apothéose du vice et du crime, devant la morale ahurie. Au fond, c'est la négation de tout, c'est le néant humain.

Je ne parlerai donc pas de le pièce, qui est l'oeuvre de deux auteurs spirituels. Euxmêmes se sont effacés. Mon seul but, en analysant les principales scènes des Hanlon, est de montrer de quelle observation cruelle, de quelle rage d'analyse, ces mimes de génie tirent le rire. Il leur fallait d'autant plus de souplesse que la situation, pour eux, reste la même depuis le commencement jusqu'à la fin de la pièce. Ils n'ont pas trouvé là un drame avec ses péripéties: leur action se borne à être des farceurs, qui interviennent toujours dans les mêmes conditions. Défaut grave du scénario, monotonie qu'ils ne sont parvenus à dissimuler que par des prodiges de nuances. Ils ont mis partout des dessous, lorsqu'il n'y en avait pas. Leurs merveilles d'exécution ont sauvé la pauvreté du thème.

Voyez leur première entrée en scène. Ils arrivent sur l'impériale d'une vieille diligence qui, tout d'un coup, verse au fond du théâtre. La dégringolade est effroyable, au milieu des vitres cassées, des cris et des jurons. Pour sûr, il y a des poitrines ouvertes, des têtes aplaties; et le public éclate d'un fou rire. Aimable public! et comme les Hanlon savent bien ce qu'il faut à notre gaieté! D'ailleurs, par un prodige d'adresse, ils se retrouvent tous devant la rampe, rangés en une ligne correcte, sur leur derrière. L'adresse, l'escamotage des conséquences de l'accident, redouble ici la gaieté des spectateurs. Dans les accidents réels, on rit d'abord, puis on s'apitoie; les Hanlon ont parfaitement compris qu'il ne fallait pas laisser à l'apitoiement le temps de se produire. De là le gros effet comique.

J'avoue, au second acte, n'aimer que médiocrement le truc du spleepingcar. Règle générale, toutes les fois qu'on fait du bruit à l'avance autour d'un truc qui doit passionner Paris, il est presque certain que le truc ratera. Le public arrive monté, croyant à une illusion absolue, et lorsqu'il voit les ficelles, comme dans le cas de ce spleepingcar, l'illusion ne se produit plus du tout, parce qu'on l'a rendu exigeant. La vérité est que la manoeuvre du truc, dont on a tant parlé, est beaucoup trop lente. L'explosion a lieu, le wagon s'entr'ouvre, les deux moitiés se relèvent à droite et à gauche, tandis que les personnages, qui devraient être lancés en l'air, gagnent tranquillement des arbres, sur lesquels ils se perchent; le tout à grand renfort de cordages, comme dans les joujoux d'enfant. Je sais bien qu'on ne peut nous offrir un véritable accident. Mais, en cette matière, toutes les fois que l'illusion est impossible, le truc doit être abandonné. Les Hanlon ne trouvent donc dans cet acte qu'à exercer leur adresse et leur audace de gymnastes. C'est très gros comme gaieté. Rien par dessous.

Je préfère de beaucoup le troisième acte. L'entrée en scène est encore des plus étonnantes. Les Hanlon tombent du plafond, au beau milieu d'une table d'hôte, à l'heure du déjeuner. Vous voyez l'effarement des voyageurs. Ici, il y a un de ces coups de folie qui traversent les pantomimes, ces coups de folie épidémiques dont on rit si fort, avec de sourdes inquiétudes pour sa propre raison. Les Hanlon prennent les plats, les bouteilles, et se mettent à jongler avec une furie croissante, si endiablée, que peu à peu les convives, entraînés, enragés, les imitent, de façon que la scène se termine dans une démence générale. N'estce pas le souffle qui passe parfois sur les foules et les détraque? L'humanité finit souvent par jongler ainsi avec les soupières et les saladiers. On est pris par le fou rire, on ne sait si l'on ne se réveillera pas dans un cabanon de Bicêtre. Ce sont là les gaietés des Hanlon.

Et que dire de la scène du gendarme, qui vient ensuite? Un gendarme se présente pour arrêter les coupables. Dès lors, c'est le gendarme qui va être bafoué. Il est l'autorité, on le bernera, on passera entre ses jambes pour le faire tomber, on lui causera des peurs atroces en s'élançant brusquement d'une malle, on l'enfermera dans cette malle, on le rendra si piteux, si ridicule, si bêtement comique, que la foule enthousiaste applaudira à chacune de ses mésaventures. C'est la scène qui a même produit le plus d'effet. Personne n'a songé qu'on insultait notre armée. Pourtant, rien de plus révolutionnaire. Cela flatte le criminel qu'il y a au fond des plus honnêtes d'entre nous. Cela nous gratte dans notre besoin de revanche contre l'autorité, dans notre admiration pour l'adresse, pour le coquin adroit qui triomphe de l'honnête homme trop lourd, que ses boites embarrassent.

Je signalerai, dans le genre fin, la scène de l'ivresse, que le public a trouvée trop longue, parce que les délicatesses de cette analyse savante lui ont échappé. Elle est pourtant tout à fait supérieure, comme observation et comme exécution. Les grands comédiens ne rendent pas d'une façon plus détaillée, et nous pouvons prendre là une leçon d'analyse, nous autres romanciers. Rien n'est plus juste ni plus complet que ces tâtonnements de deux ivrognes engourdis par le vin, qui, voulant avoir de la lumière, perdent successivement les allumettes, la bougie, le chandelier, sans jamais retrouver qu'un des objets à la fois. C'est toute une psychologie de l'ivresse.

En somme, je le répète, le succès a été très vif. On a beaucoup applaudi les Hanlon. Je ne fais pas ici une étude complète de ces grands artistes, car il faudrait dégager leur originalité, bien montrer ce qu'ils ont apporté de personnel, en dehors de leurs sauts de gymnastes et de leurs jeux de mimes. Ce qu'ils mettent dans tout, c'est une perfection d'exécution incroyable. Leurs scènes sont réglées à la seconde. Ils passent comme des tourbillons, avec des claquements de soufflets qui semblent les tictac mêmes du mécanisme de leurs exercices. Ils ont la finesse et la force. C'est là ce qui les caractérise. Sous le masque enfariné de Pierrot, ils détaillent l'idée avec des jeux de physionomie d'un esprit délicieux; puis, brusquement, un coup du vent semble passer, et les voilà lancés dans une férocité saxonne qui nous surprend un peu. Ils bondissent, ils s'assomment, ils sont à la fois aux quatre coins de la scène; et ce sont des bouteilles volées avec une habileté qui est la poésie du larcin, des gifles qui s'égarent, des innocents qu'on bâtonne et des coupables qui vident les verres des braves gens, une négation absolue de toute justice, une absolution du crime par l'adresse. Telle est leur originalité, un mélange de cruauté et de gaieté, avec une fleur de fantaisie poétique.

Je le dis encore, je ne sais rien de plus triste sous le rire. Cela rappelle les grandes caricatures anglaises. L'homme se débat et sanglote, dans les gambades et les grimaces de ces mimes. Je songeais avec quel cri de colère on accueillerait une oeuvre de nous, romanciers naturalistes, si nous poussions si loin l'analyse de la grimace humaine, la satire de l'homme aux prises avec ses passions. Imaginez un moment la scène du gendarme dans un de nos livres, admettez que nous traînions ce pauvre gendarme dans le ridicule, en mettant sous la charge une pareille négation de l'autorité: on nous traiterait de communard, on nous demanderait compte des otages. Certes, dans nos férocités d'analyse, nous n'allons pas si loin que les Hanlon, et nous sommes déjà fortement injuriés. Cela vient de ce que la vérité peut se montrer et qu'elle ne peut se dire. Puis, la caricature couvre tout. On lui permet le pardessous et l'au delà. Et c'est tant mieux, puisqu'elle nous régale. Faisons tous des pantomimes.

57

## LE VAUDEVILLE

Je ne me charge pas de raconter les Dominos Roses, la nouvelle pièce en trois actes que MM. Delacour et Hennequin ont fait jouer au Vaudeville. C'est une de ces pièces compliquées, d'une ingéniosité d'ébénisterie sans pareille, un de ces petits meubles chinois, aux cents tiroirs se casant les uns dans les autres, qu'il faut replacer avec une exactitude scrupuleuse, si l'on veut ne rien casser.

Les auteurs ont appelé leur oeuvre comédie. Voilà un bien grand mot pour une pièce de cette facture. J'aurais préféré vaudeville. Une comédie ne va pas, selon moi, sans une étude plus ou moins poussée des caractères, sans une peinture quelconque d'un milieu réel. Or, les auteurs ne sont en somme que d'aimables gens, bien décidés à récréer le public, en faisant tourner devant lui le quadrille de leurs marionnettes. Leur art consiste à machiner leur joujou, de façon que les personnages obéissent à chaque tour de la manivelle et viennent occuper sur les planches l'endroit précis qui leur est assigné. C'est du théâtre mécanique, des bonshommes, joliment campés, dont les pas sont réglés comme par un maître de ballets. Ils vont à gauche, ils vont à droite, ils s'entrecroisent, se mêlent et se dégagent, pour le plus grand plaisir des yeux du public. Et, je le répète, cela demande des mains exercées. On parle souvent du métier au théâtre. Eh bien! les Dominos Roses sont un produit immédiat du métier, sans aucune faute. De la mémoire, de l'adresse, et rien de plus. Mais on voit que le métier n'est décidément pas à dédaigner, puisqu'il peut suffire au succès.

On parlait du Procès Veauradieux, des mêmes auteurs, pendant la représentation. Les deux pièces, en effet, ont beaucoup de ressemblance, sortent tout au moins du même moule. Rien de plus naturel, d'ailleurs. MM. Delacour et Hennequin ont pensé, avec raison, que les spectateurs applaudiraient plus volontiers ce qu'ils avaient déjà applaudi. Les nouveautés troublent le public dans sa quiétude, lui causent une secousse cérébrale désagréable. L'éternel quiproquo des maris qui embrassent les bonnes, en croyant embrasser leurs femmes, ne suffitil pas à la gaieté d'une soirée? Rien de plus digestif que ce jeu du quiproquo. Il est à la portée de tout le monde, il soulève toujours le même éclat de rire, comme ces calembours de province qui sont, pendant un quart de siècle, la joie d'un salon. Et l'on s'en va, la tête libre, sans fatigue intellectuelle, en se souvenant des petits jeux de société de sa jeunesse.

J'ai bien suivi les impressions du public, au courant des trois actes. D'abord, j'ai constaté un peu de froideur. On voyait les auteurs venir avec leurs gros sabots, et l'on échangeait des regards comme pour se dire qu'on savait bien la suite. Même, derrière moi, un monsieur très ferré sans doute sur le répertoire de nos vaudevilles, citait les pièces où la même idée se trouvait déjà; et il y en avait une longue liste, je vous assure. Mais l'intrigue se nouait, le charme opérait peu à peu. Je m'imaginais apercevoir les auteurs derrière une coulisse, tendant leur piège avec la tranquillité d'hommes qui connaissent la bonne glu. Tous les vieux mots portaient. A mesure que les spectateurs se retrouvaient davantage en pays de connaissance, ils devenaient bons enfants, s'amusaient aux endroits où ils s'amusent depuis leur âge le plus tendre. Certes, ils étaient de plus en plus certains du dénouement, tous vous auraient dit comment tourneraient les choses, il n'y avait pas dans leur émotion le moindre doute sur la félicité finale des personnages; mais cela les ravissait d'assister une fois de plus au dévidage adroit de cet écheveau dramatique si bien embrouillé.

Les auteurs allaientils prendre le fil à gauche ou à droite? Et cette seule alternative suffisait à leur bonheur. Puis, il y avait encore le hasard des noeuds; innocentes catastrophes, aussi vite réparées que survenues, qui accidentaient la route parcourue tant de fois. Dès le second acte, la salle ravie se croyait encore au Procès Veauradieux, et applaudissait à tout rompre. Grand succès.

## II

Il s'agit dans Bébé, la pièce de MM. de Najac et Hennequin, d'un de ces grands enfants que les mères gardent jusqu'au mariage, autour de leurs jupes, et auxquels elles ne peuvent jamais se décider à donner la clef des champs. Tel est le bébé, un bébé de vingtdeux ans, et qui a déjà de la barbe au menton. Gaston est adoré par sa mère, la baronne d'Aigreville, qui le cajole, le dodeline et lui parle encore en zézayant, comme s'il portait toujours des robes et un bourrelet.

Quant au sujet philosophique,—il y a un sujet philosophique,—il repose sur cette idée qu'un jeune homme, avant de se marier et de faire un bon mari, doit parcourir trois périodes, la période des femmes de chambre, celle des cocottes et celle des femmes mariées. C'est le cousin Kernanigous qui dit cela, et le cousin s'y connaît, lui qui, chaque année, quitte sa ferme modèle de Bretagne pour venir faire ses farces à Paris.

Naturellement, Gaston, que sa mère croit encore un ange de pureté, a déjà fait de nombreux accrocs à sa robe d'innocence. La baronne lui a meublé un entresol, dans la même maison qu'elle, pour qu'il puisse étudier son droit tranquillement; mais Gaston, en compagnie de son ami Arthur, n'utilise guère son entresol que pour recevoir des dames. Ajoutez que le baron est une absolue ganache; ce digne homme passe sa vie à lire les journaux, chez lui et à son cercle, ce qui fatalement a influé d'une façon déplorable sur son intelligence. Il ne s'occupe de son fils que pour lui adresser la morale la plus drôle du monde. Ainsi, lorsque les farces de Bébé se découvrent, et que celuici s'excuse en rappelant à son père les folies que luimême a dû faire dans sa jeunesse, le baron répond gravement: «Monsieur, en ce tempslà, je n'étais pas encore votre père.» Le mot a fait beaucoup rire.

Donc, Gaston parcourt les trois phases. La première est représentée par la femme de chambre de sa mère, Toinette; la seconde, par une dame galante, Aurélie; et la troisième par sa cousine, madame de Kernanigous ellemême. Des trois, c'est Toinette que je préfère. Elle est adorable, cette enfant, qui s'écrie, lorsque Gaston veut l'abandonner: «Ah! monsieur, vous n'aurez pas le coeur de quitter la femme de chambre de votre mère!» Elle adore son maître, lui recoud ses boutons, pleure au dénouement, quand on le marie. Les auteurs, en rendant la femme de chambre si aimable, auraientils eu des intentions démocratiques?

Tout le sujet est là, mais les auteurs connaissent trop leur métier pour ne pas avoir compliqué ce sujet à l'aide des quiproquos les plus inextricables. M. Hennequin persévère naturellement dans un genre qui lui a valu trois grands succès: les Trois Chapeaux, le Procès Veauradieux et les Dominos Roses. Sa part de collaboration est certainement dans les singulières complications de l'intrigue. Je renonce à raconter ces complications, mais je puis les indiquer. Aurélie la cocotte, est en même temps la maîtresse de Gaston et celle du cousin Kernanigous; elle est encore la femme légitime d'un répétiteur de droit, Pétillon, dont je parlerai tout à l'heure. Alors, se produit la débandade obligée. C'est d'abord madame de Kernanigous qu'on prend pour Aurélie; puis, c'est Aurélie qu'on prend pour madame de Kernanigous; la brune et la blonde se mêlent, le public luimême finit par ne plus savoir au juste ce qu'il doit croire. A un moment, il y a jusqu'à quatre personnes cachées derrière des portes. Et l'on rit.

On rit, parce que tous les personnages courent sur la scène. Cette débandade qui entre, sort, se cache, reparaît, fait claquer les portes, étourdit les spectateurs et les charme. Cela, d'ailleurs, pourrait continuer éternellement. S'il n'y a pas de raison pour que cela commence, il y en a encore moins pour que cela finisse. Enfin, les auteurs veulent bien aboutir à un mariage entre Gaston et une nièce de Kernanigous. L'honneur de la cousine est sauf. La baronne et le baron sont convaincus que leur fils n'est plus un bébé, et ils consentent à le traiter en homme.

Ce genre de pièces à quiproquos est toujours d'un effet sûr. Seulement, je trouve qu'il fatigue vite. Un acte suffirait. Au troisième acte de Bébé, je commençais à être ahuri. Rien d'énervant à la longue comme de voir tous les personnages se précipiter les uns derrière les autres; on voudrait qu'ils se tinssent enfin tranquilles, pour les entendre causer comme tout le monde. S'ils n'ont rien à dire, pourquoi ne se contentent ils pas de jouer une pantomime? cela serait aussi réjouissant. En somme, je le répète, le genre est gros et absolument inférieur. Le succès vient de ce que le public croit entrer de moitié dans la pièce.

Mais ce qui donne à Bébé une certaine valeur, c'est une pointe littéraire, où l'on sent la collaboration de M. de Najac. Il y a, dans les deux premiers actes, quelques scènes fort jolies, d'un comique très fin. Ces scènes sont fournies par la baronne et par Pétillon, le répétiteur de droit.

La baronne a voulu donner un répétiteur à son fils, pour le hâter dans ses examens. Il faut dire que Gaston est un véritable cancre. Or, Pétillon a une façon de professer qui est un poème de tolérance; il laisse ses élèves, Gaston et Arthur, causer de leurs maîtresses et de leurs parties fines, entre deux commentaires du Code; il se mêle luimême à la conversation, avec le rire sournois et gourmand d'un cuistre voluptueux qui n'est pas assez riche pour contenter ses passions. Une des scènes les plus drôles est celleci: le baron surprend ces messieurs tapant sur le piano, dansant avec des dames; et Pétillon sauve les garnements, en expliquant que sa méthode consiste à apprendre le Code en musique. Il va jusqu'à chanter plusieurs articles. C'est là une bonne extravagance. La salle entière a été prise d'un fou rire.

# III

MM. de Najac et Hennequin ont voulu donner au Gymnase un pendant à Bébé, et ils ont écrit la Petite Correspondance.

Je ne crois pas nécessaire d'entrer dans une analyse de cette pièce. Quel singulier genre! Prendre des bouts de fil, les emmêler, mais d'une façon adroite, de manière qu'ils paraissent noués ensemble, en un paquet inextricable; puis, tirer un seul bout, celui qu'on a ménagé, et rembobiner le tout d'un trait, sans la moindre difficulté. La littérature est absente, on s'intéresse à cela comme à un jeu de patience; et quand on s'en va, on éprouve un vide, une déception, avec cette pensée vague que ce n'était pas la peine de se passionner, puisqu'on était certain à l'avance que cela finirait comme cela avait commencé. Au théâtre, lorsqu'on n'emporte aucun fait nouveau, aucune observation à creuser, on garde contre la pièce une sourde rancune, de même qu'on s'en veut lorsqu'on a lu un livre vide ou qu'on s'est arrêté à causer dix minutes avec un bavard imbécile, qui vous a noyé d'un déluge de mots.

Je songeais au succès de Bébé, en voyant la Petite Correspondance, et je me disais qu'en somme ce succès était mérité. A coup sûr, ce qui a charmé si longtemps le public, ce n'est pas l'imbroglio de la pièce, ce sont deux ou trois scènes d'observation amusante qu'elle contenait. Et ce qui prouve qu'une série de quiproquos ne suffit pas au succès, même lorsqu'ils sont travaillés par des mains expérimentées, c'est que la Petite Correspondance a été accueillie froidement. Question de sujet, et surtout question de types et de situations, je le répète. Dans Bébé, on a trouvé drôle cette histoire de grand garçon dégourdi, que sa mère traite toujours en enfant, lorsqu'il se lance dans toutes les fredaines, et qu'il a la femme de chambre pour maîtresse. Bien que cela rappelât Edgard et sa bonne, l'aventure a paru piquante, prise sur le vrai, dans le courant de la vie quotidienne. Peutêtre le public ne faitil pas ces réflexionslà; mais, à son insu, il subit les courants qui s'établissent, il ne supporte plus que difficilement les inventions de pure fantaisie, et se plaît davantage aux choses prises sur la réalité.

Je parlais des types. La fortune de Bébé a été faite par le répétiteur Pétillon. Ce maître, si tolérant pour ses élèves, le nez tourné à la friandise, et se régalant le premier des fredaines de la jeunesse, était certes une caricature, mais une caricature sous laquelle on sentait la vie. Il vivait, ce cuistre sournoisement voluptueux, brûlé de tous les appétits, sous son cuir de pédant qui court le cachet. Et quelle bonne folie que la scène où il sauve les deux chenapans auxquels il donne des répétitions de droit, en racontant à une vieille ganache de père qu'il a mis le Code en couplets! Cela est extravagant; seulement, derrière l'extravagance, on sent l'observation, on se rappelle des pauvres diables de cet acabit qui gagnent leurs cachets, en baisant les bottes des petits gredins qu'ils sont chargés d'instruire.

Fautil voir une leçon donnée aux auteurs dans l'accueil relativement froid fait par le public à la Petite Correspondance? Je n'ose l'affirmer. Et pourtant MM. de Najac et Hennequin, qui sont très expérimentés, ne peuvent manquer de faire le raisonnement suivant: «Pourquoi le grand succès de Bébé, et pourquoi la demichute de la Petite Correspondance? Évidemment, c'est que les imbroglios ne satisfont plus entièrement le public, car jamais nous n'en avons noué un de plus entortillé ni de plus heureusement dénoué. Il est donc temps d'abandonner cette formule commode et de chercher des situations vraies et des types réels, comme dans Bébé. Notre intérêt l'exige: soyons vivants, si nous voulons toucher de beaux droits d'auteur.»

Ce raisonnement serait excellent, et je voudrais l'entendre faire par tous les auteurs; d'autant plus qu'il est logique et exact. Questionnez les plus habiles, ils vous diront que le goût du public tourne au naturalisme, d'une façon continue et de plus en plus accentuée. C'est le mouvement de l'époque. Il s'accomplit de luimême, par la force même des choses. Avant dix ans, l'évolution sera complète. Et vous verrez les dramaturges et les vaudevillistes, réputés pour leur habileté, se ruer alors vers la peinture des scènes réelles, car ils n'ont au fond qu'une doctrine: satisfaire le public en toutes sortes, lui donner ce qu'il demande, de manière à battre monnaie le plus largement possible.

## IV

Une circonstance m'a empêché d'assister à la première représentation de Niniche, le vaudeville en trois actes que MM. Hennequin et Millaud ont fait jouer aux Variétés. Je n'ai pu voir que la quatrième, et j'ai été vraiment surpris de la gaieté débordante du public. Quel excellent public que ce public parisien! Comme il est bon enfant, comme il rit volontiers! La moindre plaisanterie, eûtelle trente années d'âge, le chatouille ainsi qu'au premier jour, lorsqu'elle est dite par la comédienne ou le comédien favori. On prétend que les artistes tremblent, lorsqu'ils paraissent à Paris pour la première fois. Ils ont bien tort. J'ai connu, en province, un théâtre où le public était autrement exigeant et maussade. On y sifflait avec une brutalité révoltante. J'estime qu'il faut trois fois plus d'efforts pour dérider un spectateur de province que pour faire rire aux éclats un spectateur de Paris.

J'ai été d'autant plus étonné de là gaieté de la salle, que l'on avait jugé Niniche très sévèrement devant moi, le lendemain de la première représentation, C'était un four, disaiton. Voilà un four qui prenait tous les airs d'un grand succès. J'avais particulièrement à côté de moi des dames, d'honnêtes bourgeoises à coup sûr, qui faisaient scandale, tant elles s'amusaient. Les moindres mots, d'ailleurs, soulevaient une tempête de joie, du parterre au cintre. Et cela ne cessait point, les trois actes ne se sont pas refroidis un instant. Je me doute bien que les interprètes sont pour beaucoup dans cette gaieté. D'autre part, peutêtre suisje tombé sur une représentation exceptionnelle, sur un soir où toute la salle avait bien dîné; il y a de ces rencontres, de ces jours d'électricité commune, que connaissent les artistes, et qu'ils constatent en disant: «La salle est très chaude aujourd'hui.» Mais le fait ne m'en a pas moins préoccupé vivement.

Aije ri moimême? Mon Dieu, je crois que oui. J'avais beau me dire que tout cela était très bête, que la pièce avait été faite cent fois; j'avais beau trouver les actes vides, l'esprit grossier, le dénouement prévu à l'avance: ce grand et bon rire de la salle me gagnait. En vérité, les spectateurs sans malice s'amusaient trop pour qu'on ne s'égayât pas de leur propre gaieté. Au fond, j'étais très triste. Si vraiment il suffit d'une si pauvre farce pour procurer une heureuse soirée aux braves bourgeois parisiens, nous avons tous très grand tort de nous empêtrer dans des questions littéraires. A quoi bon le talent, à quoi bon l'effort, si cela satisfait pleinement le public? Je déclare que jamais je n'ai vu des gens mis dans un pareil état de joie par les chefsd'oeuvre de notre théâtre. Devant un chefd'oeuvre, le public se méfie toujours un peu; il a peur que le chefd'oeuvre ne se moque de lui. Mais, devant une Niniche, il se roule, il est comme ces enfants qui rencontrent un trou d'eau sale et qui s'y vautrent avec délices, en se sentant chez eux.

Oh! le rire, quelle bonne chose et quelle chose bête! Toute la sottise est là et tout l'esprit. Contestez les mérites de Niniche, on vous répondra que le public s'amuse, et vous n'aurez rien à répondre, car les théâtres ne sont faits en somme que pour amuser le public. En voyant cette salle rire à ventre déboutonné d'inepties dont on serait révolté, si on les lisait chez soi, on se sent ébranlé dans ses convictions les plus chères, on se demande si le talent n'est pas inutile, s'il y a à espérer qu'une oeuvre forte touche jamais autant les spectateurs dans leurs instincts secrets qu'une parade de foire. Le théâtre serait donc cela? Les effluves d'une foule mise en tas, l'aveuglement du gaz, l'air surchauffé d'une salle trop étroite, l'odeur de poussière, toutes les sollicitations et toutes les demihallucinations d'une journée d'activité terminée dans un fauteuil dont les bras vous étouffent et vous brûlent, ce serait donc là cette atmosphère du théâtre qui déforme tout et empêche le triomphe du vrai sur les planches?

J'ai eu ainsi la sensation très nette de l'infériorité de la littérature dramatique. En vérité, l'oeuvre écrite est plus large, plus haute, plus dégagée de la sottise des foules que l'oeuvre jouée. Au théâtre, le succès est trop souvent indépendant de l'oeuvre. Une rencontre suffit, une interprétation heureuse, une plaisanterie qui est dans l'air, une bêtise tournée d'une certaine façon qui répond à la bêtise du moment. Si le rire ou les larmes prennent,—je ne fais pas de différence, car les larmes sont une autre forme de la bonhomie du public,—voilà la pièce lancée, il n'y a plus de raison pour qu'elle s'arrête. Depuis deux ans bientôt, je querelle mes confrères pour leur prouver qu'ils font du théâtre une chose trop sotte. Mon Dieu! estce qu'ils auraient raison, estce que ce serait réellement si sot que cela?

Maintenant, il me faut juger Niniche. Grande affaire. J'avoue que je ne sais par quel bout commencer. Il y a, en critique dramatique, toute une école qui, dans un cas pareil, se tire d'embarras le plus galamment du monde. La recette consiste à ne pas parler de la pièce, à enfiler de jolies phrases sur ceci et sur cela, jusqu'à ce que le feuilleton soit plein. Puis, on signe. Je crois que Théophile Gautier a été l'inventeur de l'article à côté. Il maniait la langue avec l'aisance et l'adresse que l'on sait, il était toujours sûr de charmer son public. Aussi la pièce ne l'inquiétaitelle jamais. Il avait des formules toutes faites, il admirait tout, les petits vaudevilles et les grandes comédies, enveloppant le théâtre entier dans son large dédain. Gautier a laissé des élèves.

Le malheur est que je ne puis entendre la critique ainsi. J'aime bien à me rendre compte. J'estime que les choses ont des raisons d'être. Mais où mon anxiété commence, c'est lorsqu'il faut distinguer les nuances du médiocre. Ce serait une erreur de croire qu'il n'existe qu'un médiocre. Les genres au contraire en sont très nombreux, les espèces pullulent à l'infini. Je me souviens toujours de mon professeur de quatrième, qui nous disait: «Je classe encore assez vite les dix premières copies dans une composition; ce qui m'exténue, c'est de vouloir être juste et d'assigner des places aux trente dernières.» Eh bien! ma situation est pareille à celle de ce professeur, je ne sais le plus souvent comment classer certaines pièces, de façon à satisfaire absolument ma conscience.

Vouloir être juste, c'est tout le rôle du critique. La passion de la justice est la seule excuse que l'on puisse donner à cette singulière démangeaison qui nous prend de juger les oeuvres de nos confrères. Mon professeur avouait parfois que, désespérant d'établir une différence appréciable du mauvais au pire dans les toutes dernières copies, il les plaçait au petit bonheur, en tas. Voilà ce qu'il faudrait éviter. Où diable placer Niniche? car Niniche m'a fait rire, et elle a droit à une place. Estce que Niniche vaut mieux que telle ou telle pièce, dont les titres m'échappent? Grave question. Je creuserais cette étude pendant des journées sans pouvoir peutêtre trouver des arguments décisifs. Pourtant, je veux être équitable. Les critiques qui font profession de toujours partager l'avis du public et qui trouvent bon ce qui l'amuse, croient en être quittes avec Niniche, en la traitant de vaudeville amusant. C'est là un jugement trop commode. Niniche est un symbole, la pièce idiote qui a un succès comme jamais un chefd'oeuvre n'en aura, et qui gratte la foule à la bonne côte, la côte joyeuse, selon le joli mot de nos pères. Les belles filles tombent en pâmoison, lorsqu'on avance les mains vers leur taille. Pourquoi le public se pâmetil, quand on lui joue Niniche? J'exige un commentaire.

L'intrigue est la première venue. Un diplomate polonais, le comte Corniski a épousé la belle Niniche, une «hétaïre» parisienne, sans avoir le moindre soupçon de sa vie passée. Il la ramène en France, où il est chargé d'une mission. Mais la comtesse est reconnue à Trouville par le jeune Anatole de Beaupersil. Elle apprend, grâce à lui, qu'on va vendre ses meubles, et elle se désole, à la crainte d'un scandale, car elle a laissé dans une armoire des lettres compromettantes, que lui a adressées autrefois le prince Ladislas, le propre fils du roi de Pologne. Justement la mission du comte Corniski est de s'emparer de ces lettres. Dès lors, commence une chasse, les lettres circulent, passent dans les mains du mari, qui finit par les rendre sans les avoir lues. J'ai négligé un baigneur de Trouville, le beau Grégoire, qui baigne ces dames par goût, et qui redevient le plus correct des gandins, lorsqu'il a quitté son costume. Il y a aussi une veuve Sillery, une vieille dame passionnée, sans compter deux pantalons, dont les rôles sont très développés, et qui produisent un effet énorme: le premier, un pantalon bleu, poursuivi par un mari jaloux, passe de jambes en jambes; le second, un pantalon nankin, se déchire jusqu'à la ceinture, ce qui cause chez les dames une hilarité folle. Peutêtre bien que le succès de la pièce est là.

Décidément, je renonce à classer Niniche. Hélas! je le crains, la justice n'est pas de ce monde. J'ai la vague sensation que Niniche a sa place entre les Dominos Ruses et Madame l'Archiduc; mais estce entre les deux, estce avant, estce après? c'est ce que je n'ose affirmer. Il faudrait peser les oeuvres, consulter les nuances, se livrer à une étude de comparaison qui demanderait des délicatesses infinies. Et voilà l'embarras où se trouvent les critiques consciencieux, lorsqu'ils veulent tenir compte des fameux arrêts du public. Le public rit, l'oeuvre en vaut sans doute la peine, examinonsla; et, lorsqu'on veut l'examiner, on ne sait par quel bout la prendre, on se donne un mal infini pour la classer, sans y parvenir. Un succès comme celui de Niniche ne peut donner à un honnête homme qu'un désir, celui d'être sifflé. Cela soulagerait, vraiment.

# V

Justement, l'autre soir, en écoutant à l'Ambigu Robert Macaire, je songeais à la farce moderne, telle que des auteurs de talent et d'esprit pourraient l'écrire. Comparez à nos plats vaudevilles, ce rire de la satire sociale qui sonnerait si vaillamment. Je sais bien qu'il faudrait accorder aux auteurs une grande liberté, leur ouvrir surtout le monde politique où se joue la véritable comédie des temps modernes. Pour moi, la veine nouvelle est là, et pas ailleurs.

Robert Macaire, que la personnalité de Frédéric Lemaître avait animée d'un large souffle, nous paraît aujourd'hui, il faut bien le dire, d'une grande innocence. Les mots drôles abondent, et il en est quelquesuns qui sont même profonds. Mais ce qu'il y a encore de meilleur, ce sont les dessous que nous mettons nousmêmes dans l'oeuvre. Rien n'est au fond plus terrible que cette figure de Robert Macaire, blaguant tout ce qu'on respecte, la vie humaine, la famille et la propriété, la force armée et la religion; seulement, elle se promène dans une telle farce, elle parle d'un style si plat et elle évite si soigneusement de conclure, que le public ne saurait la prendre au sérieux, ce qui la sauve du mépris et de la colère. J'ai fait une fois de plus cette remarque: le mauvais style excuse tout; il est permis de mettre des monstruosités à la scène, pourvu qu'on les y mette sans talent. Imaginez la lutte épique de Robert Macaire contre les gendarmes écrite par un véritable écrivain, tirée des puérilités grossières de la charge, et aussitôt la censure intervient, et tout de suite le public se fâche.

Ainsi donc, ce qui nous plaît, dans Robert Macaire, c'est ce que nous y mettons. Sous les calembours, sous les scènes de parade, sous le décousu du dialogue et l'enfantillage de l'intrigue, nous voulons voir une satire amère contre la société exploitée par deux fripons, qui, non contents de la voler, la bafouent et la salissent. Nous poussons les situations jusqu'à leurs conséquences logiques, nous élargissons le cadre. Souvent, il n'y a qu'un mot vraiment fort; mais ce mot nous suffit pour ajouter tout ce que les auteurs n'ont pas dit. Ce qui m'a frappé, c'est que peu de scènes sont faites; le talent a manqué sans doute, les scènes ne sont qu'indiquées, et faiblement. Ainsi, je prends une scène faite, la scène d'amour romantique entre Robert Macaire et Eloa, cette scène qui parodie si drôlement le lyrisme de 1830. Elle est remarquable et produit encore aujourd'hui un effet énorme, parce qu'elle reste dans une gamme d'esprit très fin et de bonne observation. Prenez, au contraire, la plupart des autres scènes, toutes celles par exemple qui ont lieu entre Robert Macaire et les gendarmes; pas une ne satisfait pleinement, parce que pas une n'est réalisée avec l'ampleur nécessaire, avec la maîtrise qui met de la réalité sous les exagérations les plus folles. Tout cela ne tient pas, les faits ne font illusion à personne et les personnages sont des pantins. Dès lors, la satire tombe dans le vaudeville.

Il est vrai que le Robert Macaire pensé et écrit, tel que je le rêve, serait sans doute impossible sur la scène. Nous ne sommes pas habitués au rire cruel. Il ferait beau voir un coquin mettant fortement le monde en coupe réglée. La farce moderne ne m'en paraît pas moins devoir être dans cette peinture de la sottise des uns et de la coquinerie des autres, poussée à la grandeur bouffonne. Songez à un Robert Macaire actuel qui s'agiterait dans notre monde politique et qui monterait au pouvoir, en jouant de tous les ridicules et de toutes les ambitions de l'époque. Le beau sujet, et quelle farce un homme de talent écrirait là, s'il était libre!

# LA FÉERIE ET L'OPÉRETTE

## I

De grands succès ont rendu l'exploitation de la féerie très tentante pour les directeurs. On gagne deux ou trois cent mille francs avec une pièce de ce genre, quand elle réussit. Il faut ajouter, comme les frais de mise en scène sont considérables, qu'un directeur est ruiné du coup, s'il a deux féeries tuées sous lui. C'est un jeu à se trouver sur la paille ou à avoir voiture dans l'année. Le pis est que, la question littéraire mise à part, une féerie qui aura deux cents représentations ressemble absolument à une féerie qui en aura seulement vingt. Pour mettre la main sur la bonne, il faut avoir un flair particulier, il faut sentir de loin les pièces de cent sous, rien de plus. Le hasard remplace l'intelligence. Le décorateur et le costumier aident le hasard.

La féerie, telle qu'elle est comprise aujourd'hui, n'est plus qu'un spectacle pour les yeux. Il y a quelques cinquante ans, lors de la vogue du Pied de Mouton et des Pilules du Diable, une féerie ressemblait à un grand vaudeville mêlé de couplets, dans lequel les trucs jouaient la partie comique. Au lieu de palais ruisselant d'or et de pierreries, au lieu d'apothéoses balançant des femmes à demi nues dans des clartés de paradis, on voyait des hommes se changer en seringues gigantesques, des canards rôtis s'envoler sous la fourchette d'un affamé, des branches d'arbre donner des soufflets aux passants.

Mais ce genre de plaisanteries s'est démodé, l'ancienne féerie a semblé vieillotte et trop naïve. Alors, sans songer un instant à renouveler le genre par le dialogue, le mérite littéraire du texte, on a, au contraire, diminué de plus en plus le dialogue, réduit la pièce à être uniquement un prétexte aux splendeurs de la mise en scène. Rien de plus banal qu'un sujet de féerie. Il existe un plan accepté par tous les auteurs: deux amoureux dont l'amour est contrarié, qui ont pour eux un bon génie et contre eux un mauvais génie, et qu'on marie quand même au dénoûment, après les voyages les plus extravagants dans tous les pays imaginables. Ces voyages, en somme, sont la grande affaire, car ils permettent au décorateur de nous promener au fond de forêts enchantées, dans les grottes nacrées de la mer, à travers les royaumes inconnus et merveilleux des oiseaux, des poissons ou des reptiles. Quand les acteurs disent quelque chose, c'est uniquement pour donner le temps aux machinistes de poser un vaste décor, derrière la toile de fond.

J'avoue, pourtant, n'avoir pas la force de me fâcher. S'il est bien entendu que toute prétention de littérature dramatique est absente, il y a là un véritable émerveillement. Les acteurs ne sont plus que des personnages muets et riches, perdus au milieu d'une prodigieuse vision. Au fond de sa salle, on peut se croire endormi, rêvant d'or et de lumière; et même les mots bêtes qu'on entend, malgré soi, par moments, sont comme les trous d'ombre obligés qui gâtent les plus heureux sommeils. Les ballets sont charmants, car les danseuses n'ont rien à dire. Il y a toujours bien deux ou trois actrices jolies, montrant le plus possible de leur peau blanche. On a chaud, on digère, on regarde, sans avoir la peine de penser, bercé par une musique aimable. Et, après tout, quand on va se coucher, on a passé une agréable soirée.

Certes, au théâtre, il faut laisser un vaste cadre à l'adorable école buissonnière de l'imagination. La féerie est le cadre tout trouvé de cette débauche exquise. Je veux dire quelle serait la féerie que je souhaite. Le plus grand de nos poètes lyriques en aurait écrit les vers; le plus illustre de nos musiciens en composerait la musique. Je confierais les décors aux peintres qui font la gloire de notre école, et j'appellerais les premiers d'entre nos sculpteurs pour indiquer des groupes et veiller à la perfection de la plastique. Ce n'est pas tout, il faudrait, pour jouer ce chefd'oeuvre, des femmes belles, des hommes forts, les acteurs célèbres dans le drame et dans la comédie. Ainsi, l'art humain tout entier, la poésie, la musique, la peinture, la sculpture, le génie dramatique, et encore la beauté et la force, se joindraient, s'emploieraient à une unique merveille, à un spectacle qui prendrait la foule par tous les sens et lui donnerait le plaisir aigu d'une jouissance décuplée.

Ah! qu'il serait temps de balayer les parades qui salissent les scènes de nos plus beaux théâtres, de jeter au ruisseau les livrets stupides, dont l'esprit consiste dans des calembours rances et dans des coups de pied au derrière, les partitions vulgaires qui chantent toutes les mêmes turlututus de foire, les trucs vieillis, les décors trop somptueux qui ruissellent d'un or imbécile et bourgeois! On rendrait nos théâtres aux grands poètes, aux grands musiciens, à toutes les imaginations larges. Dans notre enquête moderne, après nos dissections de la journée, les féeries seraient, le soir, le rêve éveillé de toutes les grandeurs et de toutes les beautés humaines.

## II

J'avoue donc ma tendresse pour la féerie. C'est, je le répète, le seul cadre où j'admets, au théâtre, le dédain du vrai. On est là en pleine convention, en pleine fantaisie, et le charme est d'y mentir, d'y échapper à toutes les réalités de ce bas monde.

Et quel joli domaine, cette contrée du rêve peuplée de génies bienfaisants et de fées méchantes! Les princesses et les bergers, les servantes et les rois y vivent dans une familiarité attendrie, s'aimant, s'épousant les uns les autres. Quand une montagne, un gouffre, un univers fait obstacle aux amours des héros, la montagne est engloutie, le gouffre se comble, l'univers s'envole en fumée, et les héros sont heureux. Il n'y a plus de péripéties sans issue, de dénouements impossibles, car les talismans facilitent les combinaisons des fables les plus extravagantes. Jamais les auteurs ne se trouvent acculés par la vraisemblance et la logique; ils peuvent aller dans tous les sens, aussi loin qu'ils veulent, certains de ne se heurter contre aucune muraille. Un coup de baguette, et la muraille s'entr'ouvre.

On peut dire que la féerie est la formule par excellence du théâtre conventionnel, tel qu'on l'entend en France depuis que les vaudevillistes et les dramaturges de la première moitié du siècle ont mis à la mode les pièces d'intrigue. En somme, ils posaient en principe l'invraisemblance, quitte à employer toute leur ingéniosité pour faire accepter ensuite, comme une image de la vie, ce qui n'en était qu'une caricature. Ils se gênaient dans le drame et dans la comédie, tandis qu'ils ne se gênaient plus dans la féerie: là était la seule différence.

Je voudrais préciser cette idée. L'allure scénique d'une féerie est puérile, d'une naïveté cherchée, allant carrément au merveilleux; et c'est par là que la pièce enchante les petits et les grands enfants. Plus l'invraisemblance est grande, plus le ravissement est certain. On s'y arrête comme devant ces théâtres de marionnettes, qui retiennent aux ChampsElysées les rêveurs qui passent. Il semble que ces personnages fantasques et cette action folle soient des symboles, derrière lesquels on entend l'humanité s'agiter avec des rires et des larmes. Les joujoux, je parle des joujoux à bon marché, les chevaux, les moutons, les poupées, toutes ces bêtes en carton, grossièrement peinturlurées et si extraordinaires de formes, ont aussi cette invraisemblance lamentable ou grotesque qui ouvre l'au delà de la vie. En les regardant, on échappe à la terre, on entre dans le monde de l'impossible. J'adore ces joujoux comme j'adore les féeries.

La comédie et le drame, au contraire, sont tenus a être vraisemblables. Une nécessité les attache aux pavés des rues. Ils mentent, mais il faut qu'ils mentent avec des ménagements infinis, sous peine de nous blesser. Le triomphe de nos auteurs a été de déguiser le plus possible leurs mensonges, grâce à toute une convention savamment réglée; de là, le code du théâtre. Ils nous ont peu à peu habitués au personnel comique ou dramatique, qui n'est autre qu'un personnel de féerie, sans paillette, sans truc, effacé et rapetissé. Pour moi, entre un roi de féerie et un prince des vaudevilles de Scribe, je ne fais qu'une différence: tous les deux sont mensongers, seulement le premier me ravit, tandis que le second m'irrite. Et il en est ainsi pour tous les personnages: ils ne sont pas plus humains dans un genre que dans l'autre; ils s'agitent également en pleine convention. Je ne parle pas de l'intrigue ellemême; je trouve, pour ma part, bien plus raisonnables les combinaisons scéniques de Rothomago, par exemple, que celles d'une foule de pièces dites sérieuses, dont il est inutile de citer les titres.

J'en veux arriver à cette conclusion, que le charme de la féerie est pour moi dans la franchise de la convention, tandis que je suis, par contre, fâché de l'hypocrisie de cette convention, dans la comédie et le drame. Vous voulez nous sortir de notre existence de chaque jour, vous avancez comme argument que le public va chercher au théâtre des mensonges consolants, vous soutenez la thèse de l'idéal dans l'art, eh bien! donneznous des féeries. Cela est franc, au moins. Nous savons que nous allons rêver tout éveillés. Et, d'ailleurs, une féerie n'est pas même un mensonge, elle est un conte auquel personne ne peut se tromper. Rien de bâtard en elle, elle est toute fantaisie. L'auteur y confesse qu'il entend rester dans l'impossible.

Passez à un drame ou à une comédie, et vous sentez immédiatement la convention devenir blessante. L'auteur triche. Il marche, dès lors, sur le terrain du réel; mais comme il ne veut pas accepter ce terrain loyalement, il se met à argumenter, il déclare que le réel absolu n'est pas possible au théâtre, et il invente des ficelles, il tronque les faits et les gens, il cuisine cet abominable mélange du vrai et du faux qui devrait donner des nausées à toutes les personnes honnêtes. Le malheur est donc que nos auteurs, en quittant les féeries, en gardent la formule, qu'ils transportent sans grands changements dans les études de la vie réelle; ils se contentent de remplacer les talismans par les papiers perdus et retrouvés, les personnages qui écoutent aux portes, les caractères et les tempéraments qui se démentent d'une minute à l'autre, grâce à une simple tirade. Un coup de sifflet, et il y a un changement à vue dans le personnage comme dans le décor.

Si réellement la vérité était impossible au théâtre, si les critiques avaient raison d'admettre en principe qu'il faut mentir, je répéterais sans cesse: «Donneznous des féeries, et rien que des féeries!» La formule y est entière, sans aucun jésuitisme. Voilà le théâtre idéal tel que je le comprends, faisant parler les bêtes, promenant les spectateurs dans les quatre éléments, mettant en scène les héros du Petit Poucet et de la Belle au bois dormant. Si vous touchez la terre, j'exige aussitôt de vous des personnages en chair et en os, qui accomplissent des actions raisonnables. Il faut choisir: ou la féerie ou la vie réelle.

Je songeais à ces choses, en voyant l'autre soir Rothomago, que le Châtelet vient de reprendre avec un grand luxe de costumes et de décors. Certes, cette féerie, au point de vue littéraire, ne vaut guère mieux que les autres; mais elle est gaie et elle a le mérite d'être un bon prétexte aux splendeurs de la mise en scène.

Rien de plus démocratique, d'ordinaire, que le sujet de ces pièces. Ainsi, Rothomago repose sur le double amour d'un jeune prince pour une bergère et d'une jeune princesse pour un paysan. Naturellement, le prince et la princesse qu'on veut marier ensemble finissent par épouser chacun l'objet de sa flamme. Et remarquez que prince et princesse sont adorables, qu'ils feraient un couple charmant. N'importe, ils ne s'aiment pas, la force des talismans les empêche de se voir sans doute, et leurs coeurs s'en vont malgré tout courir la prétentaine au village. Tout cela est fou, et c'est pourtant ce qu'il y a de plus raisonnable dans l'oeuvre, car je ne raconte pas les promenades dans les airs sur un dragon, ni les histoires de pirates qui viennent enlever les villageoises dans les blés.

## III

J'ai vu, au théâtre de la Gaieté: le Chat botté, une féerie de MM. Blum et Tréfeu.

Quels adorables contes que ces contes de Perrault! Ils ont une saveur de naïveté exquise. On a fait plus ingénieux, plus littéraire; mais on n'a pas retrouvé cet accent si fin de bonhomie et de malice. Cela nous vient directement de notre vieille France; je ne parle point des sujets, car des savants se sont amusés à les retrouver un peu dans toutes les mythologies; je parle du ton gaillard et franc, de la simplicité de la fable. Le conteur a dit tout carrément ce qu'il avait à dire, et l'humanité vit sous chaque ligne.

Je sais bien que, de nos jours, on a trouvé Perrault immoral. Nous avons, comme personne ne l'ignore, une moralité très chatouilleuse. Où nos pères riaient, nous rougissons. Le mot nous effraie surtout, car nous savons encore nous accommoder avec la chose. Nous mettons des feuilles de vigne aux antiques, et nos filles baissent le nez en passant, ce qui prouve qu'elles sont très avancées pour leur âge. Cela est d'une hypocrisie raffinée, dont la pointe ajoute un ragoût aux plaisirs défendus. On ne sait plus regarder la vie en face, avec un franc et limpide regard.

Donc, les contes de Perrault sont devenus immoraux; je veux dire qu'on en discute les conclusions au point de vue de la leçon morale. On voudrait que le bon Dieu, la Providence et le reste fussent dans l'affaire. Voici, par exemple, le Chat botté, ce merveilleux chat qui se met au service du marquis de Carabas et qui le marie à la plus belle des princesses, grâce à l'agilité de ses pattes et à la fertilité de ses ruses. C'est un maître trompeur; il ment avec un aplomb parfait, il dupe les petits et les grands. Son unique qualité est d'être fidèle à la fortune de son marquis. Imaginez un valet de l'ancienne comédie, un de ces coquins qui ont tous les tours dans leur sac et qui ne triomphent que par des inventions du diable.

Voilà notre morale indignée. Admirable sujet pour faire un sermon contre le mensonge! S'il y a une fortune mal acquise, c'est à coup sûr celle du marquis de Carabas. Il se nourrit de vol, il épouse la fille d'un roi, par une série de stratagèmes qui, de nos jours, mèneraient tout droit un gendre sur les bancs de la police correctionnelle. Et l'on ose mettre de pareilles histoires entre les mains des enfants? On veut donc qu'ils deviennent des escrocs? Ils ne sauraient prendre là que le goût des chemins tortueux. La conclusion du conte est, en somme, que pour réussir l'habileté vaut mieux que l'honnêteté.

O siècle pudique et moral, où les bourgeois ont peur des oeuvres écrites comme les femmes laides ont peur des miroirs! Au théâtre, on exige que la vertu soit récompensée. Dans le roman, on veut deux nobles âmes contre une âme basse, de même que dans certaines confitures de fruits amers il faut deux livres de sucre contre une livre de fruits.

Cela est tout nouveau, c'est une fièvre d'hypocrisie à l'état aigu. Et les symptômes sont nombreux, les choses les plus naturelles deviennent indécentes, lorsqu'on a une préoccupation continue de l'indécence. Rien de pareil dans la belle santé sanguine des siècles passés. Sans remonter à Rabelais, lisez La Fontaine et Molière, tout le seizième siècle et tout le dixseptième, vous ne trouverez nulle part ce prurit de morale, qui semble être la démangeaison de nos vices. On riait haut, on parlait de tout, même devant les dames; personne ne croyait qu'il fût nécessaire de surveiller à chaque heure sa propre honnêteté et celle du voisin. On était de braves gens, cela allait de soi. Pour le reste, on aimait la vie et on ne boudait pas contre ce qui vivait.

Estce parce que les contes de Perrault sont jugés d'une morale trop élastique que les auteurs du Chat botté n'ont pas suivi ce conte à la lettre? Cela est possible. Pour que le conte fût exemplaire aujourd'hui, il faudrait y introduire un honnête prétendant à la main de la jeune princesse, un ingénieur, de moeurs parfaites et ayant conquis tous ses grades dans les concours et les examens; au dénouement, ce serait lui qui, par son mérite, deviendrait le gendre du roi, après avoir confondu ce filou de Chat botté et son marquis d'occasion. Cela ferait pâmer nos demoiselles. Je plaisante, et une colère me prend, à la pensée de ce «comme il faut» littéraire, qui aurait noyé pour un siècle notre littérature, si des esprits entêtés n'avaient résisté. Pauvre chat botté, qui aimera encore ta grâce féline, ta sournoiserie pleine de sauts brusques, ton art de vivre, gros et gras, sur la paresse et sur la sottise humaines? Tu es la vie, et c'est pour cela, heureusement, que tu es éternel.

## IV

Si la féerie doit trouver grâce pour la largeur poétique qu'elle pourrait atteindre, l'opérette est une ennemie publique qu'il faut étrangler derrière le trou du souffleur, comme une bête malfaisante.

Elle est, à cette heure, la formule la plus populaire de la sottise française. Son succès est celui des refrains idiots qui couraient autrefois les rues et qui assourdissaient toutes les oreilles, sans qu'on pût savoir d'où ils venaient. Depuis qu'elle règne, ces refrains du passé ont disparu; elle les remplace, elle fournit des airs aux orgues de Barbarie, elle rend plus intolérables les pianos des femmes honnêtes et des femmes déshonnêtes. Son empire désastreux est devenu tel, que les gens de quelque goût devront finir par s'entendre et par conspirer, pour son extermination.

L'opérette a commencé par être un vaudeville avec couplets. Elle a pris ensuite l'importance d'un petit opérabouffe. C'était encore son enfance modeste; elle gaminait, elle se faisait tolérer en prenant peu de place. D'ailleurs, elle ne tirait pas à conséquence, se permettant les farces les plus grosses, désarmant la critique par la folie de ses allures. Mais, peu à peu, elle a grandi, s'est étalée chaque jour davantage, de grenouille est devenue boeuf; et le pis est qu'elle s'est ainsi élargie, sans cesser d'être une parade grossière, d'un grotesque à outrance qui fait songer aux cabanons de Bicêtre.

D'un acte l'opérette s'est enflée jusqu'à cinq actes. Le public, au lieu de s'en tenir à un éclat de rire d'une demiheure, s'est habitué à ce spasme de démence bête qui dure toute une soirée. Dès lors, en se voyant maîtresse, elle a tout risqué, menant les spectateurs dans son boudoir borgne, prenant d'un entrechat, sur les plus grandes scènes, la place du drame agonisant. Elle a dansé son cancan, en montrant tout; elle a rendu célèbres des actrices dont le seul talent consistait dans un jeu de gorge et de hanches. Tout le vice de Paris s'est vautré chez elle, et l'on peut nommer les femmes auxquelles une façon de souligner les couplets grivois a donné hôtel et voiture.

Cela ne suffisait point encore. L'opérette a rêvé l'apothéose. M. Offenbach, pendant sa direction a la Gaîté, a exhumé ses anciennes opérettes des Bouffes, entre autres son Orphée aux enfers, joué autrefois dans un décor étroit et avec une mise en scène relativement pauvre; il les a exhumées et transformées en pièces à spectacle, inventant des tableaux nouveaux, grandissant les décors, habillant ses acteurs d'étoffes superbes, donnant pour cadre à la bêtise du dialogue et aux mirlitonnades de la musique tout l'Olympe siégeant dans sa gloire. D'un bond, l'opérette voulait monter à la largeur des grandes féeries lyriques. Elle ne saurait aller plus haut Son incongruité, ses rires niais, ses cabrioles obscènes, sa prose et ses vers écrits pour des portiers en goguette, se sont étalés un instant au milieu d'une splendeur de gala, comme une ordure tombée dans un rayonnement d'astre.

Même elle était montée trop haut, car elle a failli se casser les reins. M. Offenbach n'est plus directeur, et il est à croire qu'aucun théâtre ne risquera à l'avenir deux ou trois cent mille francs pour montrer une petite chanteuse, toute nue, sifflotant une chanson de pie polissonne, sous flamboiement de feux électriques. N'importe, l'opérette a touché le ciel, la leçon est terrible et complète. Je ne veux pas détailler les méfaits de l'opérette. En somme, je ne la hais pas en moraliste, je la hais en artiste indigné. Pour moi, son grand crime est de tenir trop de place, de détourner l'attention du public des oeuvres graves, d'être un plaisir facile et abêtissant, auquel la foule cède et dont elle sort le goût faussé.

L'ancien vaudeville était préférable. Il gardait au moins une platitude bonne enfant. D'autre part, si l'on entre dans le relatif du métier, il est certain qu'il était moins rare de rencontrer un vaudeville bien fait qu'il ne l'est aujourd'hui de tomber sur une opérette supportable. La cause en est simple. Les auteurs, quand ils avaient une idée drôle, se contentaient de la traiter en un acte, et le plus souvent l'acte était bon, l'intérêt se soutenait jusqu'au bout. Maintenant, il faut que la même idée fournisse trois actes, quelquefois cinq. Alors, fatalement, les auteurs allongent les scènes, délayent le sujet, introduisent des épisodes étrangers; et l'action se trouve ralentie. C'est ce qui explique pourquoi, généralement, le premier acte des opérettes est amusant, le second plus pâle, le dernier tout à fait vide. Quand même, il faut tenir la soirée entière, pour ne partager la recette avec personne. Et le mot ordinaire des coulisses est que la musique fait tout passer.

M. Offenbach est le grand coupable. Sa musique vive, alerte, douée d'un charme véritable, a fait la fortune de l'opérette. Sans lui, elle n'aurait jamais eu un si absolu triomphe. Il faut ajouter qu'il a été singulièrement secondé par MM. Meilhac et Halévy, dont les livrets resteront comme des modèles. Ils ont créé le genre, avec un grossissement forcé du grotesque, mais en gardant un esprit très parisien et une finesse charmante dans les détails. On peut dire de leurs opérettes qu'elles sont d'amusantes caricatures, qui se haussent parfois jusqu'à la comédie. Quant à leurs imitateurs, que je ne veux pas nommer, ce sont eux qui ont traîné l'opérette à l'égout. Et quels étranges succès, faits d'on ne sait quoi, qui s'allument et qui brûlent comme des traînées de poudre! On peut le définir: la rencontre de la médiocrité facile d'un auteur avec la médiocrité complaisante d'un public. Les mots qui entrent dans toutes les intelligences, les airs qui s'ajustent à toutes les voix, tels sont les éléments dont se composent les engouements populaires.

On nous fait espérer la mort prochaine de l'opérette. C'est, en effet, une affaire de temps, selon les hasards de la mode. Hélas! quand on en sera débarrassé, je crains qu'il ne pousse sur son fumier quelque autre champignon monstrueux, car il faut que la bêtise sorte quand même, comme les boutons de la gale; mais je doute vraiment que nous puissions être affligés d'une démangeaison plus désagréable.

# V

Quelle marâtre que la vogue! Comme elle dévore en quelques années ses enfants gâtés! Le cas de M. Offenbach est fait pour inspirer les réflexions les plus philosophiques.

Songez donc! M. Offenbach a été roi. Il n'y a pas dix ans, il régnait sur les théâtres; les directeurs à genoux, lui offraient des primes sur des plats d'argent; la chronique, chaque malin, lui tressait des couronnes. On ne pouvait ouvrir un journal sans tomber sur des indiscrétions relatives aux oeuvres qu'il préparait, à ce qu'il avait mangé à son déjeuner et à ce qu'il mangerait le soir à son dîner. Et j'avoue que cet engouement me semblait explicable, car M. Offenbach avait créé un genre; il menait avec ses flonflons toute la danse d'une époque qui aimait à danser. Il a été et il restera une date dans l'histoire de notre société.

Il y a dix ans! et, bon Dieu! comme les temps sont changés! Il faut se souvenir que ce fut lui qui conduisit le cancan de l'Exposition universelle de 1867. Dans tous les théâtres, on jouait de sa musique. Les princes et les rois venaient en partie fine à son bastringue. Plus d'une Altesse, que ses turlututus grisaient, fit cascader la vertu de ses chanteuses. Son archet donnait le branle à ce monde galant, qui l'appelait «maître». Maître n'était pas assez, il passait au rang de dieu. Comme le Savoyard qui fait sauter du pied ses pantins enfilés dans un bout de corde, il a dû avoir de belles jouissances d'amourpropre, lui qui faisait sauter, nez contre nez, ventre contre ventre, des princes et des filles.

Et voilà qu'aujourd'hui le dieu est par terre. Nous avons encore une Exposition universelle; mais d'autres amuseurs ont pris le pavé. Toute une poussée nouvelle de maîtres aimables se sont emparés des théâtres, si bien que l'ancêtre, le dieu de la sauterie, a dû rester dans sa niche, solitaire, rêvant amèrement à l'ingratitude humaine. A la Renaissance, le Petit Duc; aux FoliesDramatiques, les Cloches de Corneville; aux Variétés, Niniche; aux Bouffes, clôture; et c'est certainement cette clôture qui a été le coup le plus rude pour M. Offenbach. Les Bouffes fermant pendant une Exposition universelle, les Bouffes qui ont été le berceau de M. Offenbach! n'estce pas l'aveu brutal que son répertoire, si considérable, n'attire plus le public et ne fait plus d'argent?

La chute est si douloureuse que certains journaux ont eu pitié. Dans ces deux derniers mois, j'ai lu à plusieurs reprises des notes désolées. On s'étonnait avec indignation que M. Offenbach fût ainsi jeté de côté comme une chemise sale. On rappelait les services qu'il a rendus à la joie publique, on conjurait les directeurs de reprendre au moins une de ses pièces, à titre de consolation. Les directeurs faisaient la sourde oreille. Enfin, il s'en est trouvé un, M. Weinschenck, qui a bien voulu se dévouer. Il vient de remonter à la Gaîté Orphée aux Enfers. J'ignore si l'affaire est bonne; mais M. Weinschenck aura tout au moins fait une bonne action. Le principe des turlututus est sauvé, il ne sera pas dit qu'il y aura eu une Exposition universelle sans la musique de M. Offenbach.

Certes, je n'aime point à frapper les gens à terre. J'avoue même que je suis pris d'attendrissement et d'intérêt pour M. Offenbach, maintenant que la vogue l'abandonne. Autrefois, il m'irritait; les succès menteurs m'ont toujours mis hors de moi. Voilà donc la justice qui arrive pour lui, et c'est une terrible chose pour un artiste que cette justice, lorsqu'il est encore vivant et qu'il assiste à sa déchéance. Le public est un enfant gâté qui brise ses jouets, quand ils ont cessé de l'amuser. On est devenu vieux, on a fait le rêve d'une longue gloire, aveuglé sur sa propre valeur par les fumées de l'encens le plus grossier, et un jour tout croule, la gloire est un tas de boue, on se voit enterré avant d'être mort. Je ne connais pas de vieillesse plus abominable.

Puisque je suis tourné à la morale, je tirerai une conclusion de cette aventure. Le succès est méprisable, j'entends ce succès de vogue qui met les refrains d'un homme dans la bouche de tout un peuple. Être seul, travailler seul, il n'y a pas de meilleure hygiène pour un producteur. On crée alors des oeuvres voulues, des oeuvres où l'on se met tout entier; dans les premiers temps, ces oeuvres peuvent avoir une saveur amère pour le public, mais il s'y fait, il finit par les goûter. Alors, c'est une admiration solide, une tendresse qui grandit à chaque génération. Il arrive que les oeuvres, si applaudies dans l'éclat fragile de leur nouveauté, ne durent que quelques printemps, tandis que les oeuvres rudes, dédaignées à leur apparition, ont pour elles l'immortalité. Je crois inutile de donner des exemples.

Je dirai aux jeunes gens, à ceux qui débutent, de tolérer avec patience les succès volés dont l'injustice les écrase. Que de garçons, sentant en eux le grondement d'une personnalité, restent des heures, pâles et découragés, en face du triomphe de quelque auteur médiocre! Ils se sentent supérieurs, et ils ne peuvent arriver à la publicité, toutes les voies étant bouchées par l'engouement du public. Eh bien! qu'ils travaillent et qu'ils attendent! Il faut travailler, travailler beaucoup, tout est là; quant au succès, il vient toujours trop vite, car il est un mauvais conseiller, un lit doré où l'on cède aux lâchetés.

Jamais on ne se porte mieux intellectuellement que lorsqu'on lutte. On se surveille, on se tient ferme, on demande à son talent le plus grand effort possible, sachant que personne n'aura pour vous une complaisance. C'est dans ces périodes de combat, quand on vous nie et qu'on veut affirmer son existence, c'est alors qu'on produit les oeuvres les plus fortes et plus intenses. Si la vogue vient, c'est un grand danger; elle amollit et ôte l'âpreté de la touche.

Il n'y a donc pas, pour un artiste, une plus belle vie que vingt ou trente années de lutte, se terminant par un triomphe, quand la vieillesse est venue. On a conquis le public peu à peu, on s'en va dans sa gloire, certain de la solidité du monument que l'on laisse. Autour de soi, on a vu tomber les réputations de carton, les succès officiels. C'est une grande consolation que de se dire, dans toutes les misères, que la vogue est passagère et qu'en somme, quelles que soient les légèretés et les injustices du public, une heure vient où seules les grandes oeuvres restent debout. Malheur à ceux qui réussissent trop, telle est la morale du cas de M. Offenbach!

# LES REPRISES

## I

C'est avec une profonde stupeur que j'ai écouté Chatterton, le drame en trois actes d'Alfred de Vigny, dont la ComédieFrançaise a eu l'étrange idée de tenter une reprise. La pièce date de 1835, et les quarantedeux années qui nous séparent de la première représentation semblent la reculer au fond des âges.

Dans quel singulier état psychologique était donc la génération d'alors, pour applaudir une pareille oeuvre? Nous ne comprenons plus, nous restons béants devant ce poème des âmes incomprises et du suicide final. Chatterton, on ne sait trop pourquoi, traqué par ses créanciers peutêtre, mais cédant aussi à la passion de la solitude, s'est réfugié chez un riche manufacturier, John Bell, qui lui loue une chambre. Ce John Bel, un brutal, tyrannise sa femme, l'honnête et résignée Ketty. Et toute la situation dramatique se trouve dans l'amour discret et pur du poète et de la jeune femme, amour dont l'aveu ne leur échappe qu'à l'heure suprême, lorsque Chatterton, écrasé par la société, voulant se reposer dans la mort, vient d'avaler un flacon d'opium.

Pour comprendre cette étonnante figure de Chatterton, il faut avant tout reconstruire l'idée parfaite du poète, telle que la génération de 1830 l'imaginait. Le poète était un pontife et la poésie un sacerdoce. Il officiait audessus de l'humanité, qui avait le devoir de l'adorer à genoux. C'était un messie traversant les foules, avec une étoile au front, remplissant une fonction sacrée, dont tout l'or de la terre n'aurait pu le payer. Ajoutez que le poète devait être un personnage, fatal, un fils de René, de Manfred et de tous les grands mélancoliques, portant un orage dans sa tête pâle, expiant la passion humaine par une blessure toujours ouverte à son flanc. Il était beau et providentiel, il montait son calvaire au milieu des huées, pur comme un ange et sombre comme un bandit. Un cabotin sublime, en un mot.

L'idéal du genre a été le Chatterton, d'Alfred de Vigny. Quand on voudra connaître la caricature superbe du poète de 1830, il faudra étudier ce personnage navrant et comique. Il n'est pas un des panaches du temps que Chatterton ne se plante sur la tête. Il les a tous, il semble avoir fait la gageure d'épuiser le ridicule et l'odieux. Il chante la solitude, il maudit la société, il traîne à dixhuit ans un coeur las et désabusé, il a des bottes molles, il se tord les bras à l'idée de faire des vers pour les vendre, il passe la nuit à gesticuler et à embrasser le portrait de son père en cheveux blancs, il se tue enfin par monomanie, uniquement pour attraper la société. Chatterton est un polisson, voilà mon avis tout net.

Qu'on fasse des bonshommes en carton, et qu'ils soient drôles, passe encore! cela ne tire pas à conséquence. Mais qu'on vienne troubler et empoisonner les volontés jeunes avec ce fantoche funèbre, avec ce pantin aussi faux que dangereux, voilà ce qui soulève en moi toute ma virilité! Le poète est un travailleur comme un autre. Dans le combat de la vie, s'il triomphe, tant mieux! s'il tombe, c'est sa faute! La société ne doit pas plus d'aide et de pitié au poète qu'elle n'en doit au boulanger et au forgeron. Il n'y a pas de pontife, il n'y a que des hommes, et l'énergie fait aussi bien partie du talent que le don des vers. Le génie est toujours fort.

Comment! on vient nous parler de mort, au seuil de ce siècle! Nous revivons, nous entrons dans un âge d'activité colossale, nous sommes tous pris d'un besoin furieux d'action, et il y a là un pleurard, un polisson qui se tue et qui tue par là même la femme dont il a troublé la cervelle. Mais c'est un double meurtre, c'est une lâcheté et une infamie! Que diraiton d'un soldat qui, en face de l'ennemi, se déchargerait son fusil dans la tête? La nouvelle génération littéraire n'a qu'à pousser dédaigneusement du pied le cadavre de Chatterton, pour passer et aller à l'avenir.

D'ailleurs, c'était là une pose, pas davantage. La vanité était grande, en 1830; et, naturellement, les poètes se taillaient euxmêmes le rôle qu'il leur plaisait de jouer. La mode était au dégoût de la vie, au mépris de l'argent, aux invectives contre la société; mais, en somme, les poètes—et je parle des plus grands—faisaient très bon ménage avec tout cela. Malgré leur désespérance et leur amour de la mort, ces messieurs ont presque tous vécu très vieux; en outre, leur mépris de l'argent n'est pas allé jusqu'à leur faire refuser, les sommes énormes qu'ils ont gagnées, et ils se sont très bien accommodés de la société, qui les a comblés d'honneurs et d'argent. Tous blagueurs!

J'ai entendu défendre Chatterton d'une façon bien hypocrite. Oui sans doute, diton, le personnage est démodé, mais quel temps regrettable il rappelle! En ce tempslà, on croyait à l'âme, on était plein d'élan, on aspirait en haut, on élargissait l'horizon de la foi et de la poésie. Quelle plaisanterie énorme! La vérité est que le mouvement de 1830 a été superbe comme mise en scène. Si l'on gratte les personnages factices, on reste stupéfait en arrivant aux hommes vrais. Ils ne valaient pas plus que nous, soyezen sûrs; même beaucoup valaient moins. Il y a eu bien de la vilenie derrière cette pompe Qu'on ne nous force pas à des comparaisons, car nous répondrions avec sévérité. Nous autres, nous croyons à la vérité, nous sommes pleins de courage et de force, nous aspirons à la science, nous élargissons l'enquête humaine, sur laquelle seront basées les lois de demain. Eux autres, ils nient le présent, que nous affirmons. De quel côté sont la virilité et l'espoir? Et qu'on attende: aux oeuvres, on mesurera les ouvriers!

Certes, le romantisme est bien mort. Je n'en veux pour preuve que l'attitude stupéfiée des spectateurs, l'autre soir, à la ComédieFrançaise. Pendant les deux premiers actes surtout, on se regardait, on se tâtait. Chatterton faisait l'effet d'un habitant de la lune tombé parmi nous. Que voulait donc ce monsieur, qui se désespérait, sans qu'on sût pourquoi, et qui se fâchait de tirer de son travail un gain légitime? Le quaker paraissait tout aussi surprenant. Étrange, ce quaker qui lâche, sans crier gare, des maximes à se faire immédiatement sauter la cervelle! Pourquoi diable se promènetil là dedans! Quant à, John Bell, le tyran, le mari implacable, il est certainement le seul personnage sympathique de la pièce. Au moins celuilà travaille, et il apparaît comme un sage au milieu de tous les fous qui l'entourent.

On s'extasie beaucoup sur la figure de Ketty Bell. C'est une des créations les plus pures, diton, qui soient dans notre théâtre. Je le veux bien. Mais ce personnage est un personnage négatif; j'entends que la pureté, la résignation, la tendresse discrète de Ketty sont obtenues par un effacement continu. Jusqu'au dernier acte, elle n'a pas une scène en relief. C'est une déclamation à vide sans arrêt. Elle n'agit pas, elle se raidit dans une attitude. Le personnage, dans ces conditions, devient une simple silhouette et ne demandait pas un grand effort de talent.

Le drame, d'ailleurs, est la négation du théâtre, tel qu'on l'entend aujourd'hui. Il ne contient pas une seule situation. C'est une élégie en quatre tableaux. Les deux premiers actes sont complètement vides. On a, dans la salle, l'impression de la nudité de l'oeuvre, maintenant qu'elle n'est plus échauffée par les phrases démodées qui passionnaient autrefois. Le premier tableau du troisième acte, long monologue de Chatterton dans sa mansarde, est peutêtre ce qui a le plus vieilli. Rien d'incroyable comme ce poète, déclamant au lieu de travailler, et déclamant les choses les plus inacceptables du monde. Enfin, le tableau du dénouement est le seul qui reste dramatique. Un garçon qui s'empoisonne, une femme qui meurt de la mort de l'homme qu'elle aime, cela remuera toujours une salle.

L'avoueraije? ma préoccupation, ma seule et grande préoccupation, pendant la soirée, a été le fameux escalier. Et je suis sorti avec la conviction que cet escalier est le personnage important du drame. Remarquez quel en est le succès. Au premier acte, quand Chatterton apparaît en haut de l'escalier et qu'il le descend, son entrée fait beaucoup plus d'effet que s'il poussait simplement une porte sur la scène. Au second acte, quand les enfants de Ketty Bell montent des fruits au pauvre poète, c'est une joie dans la salle de voir les petites jambes des deux adorables gamins se hisser sur chaque marche; encore l'escalier. Enfin, au quatrième acte, le rôle de l'escalier devient tout à fait décisif. C'est au pied de l'escalier que l'aveu de Chatterton et de Ketty a lieu, et c'est par dessus la rampe qu'ils échangent un baiser. L'agonie de Chatterton empoisonné est d'autant plus effrayante qu'il gravit l'escalier, en se traînant. Ensuite Ketty monte presque sur les genoux, elle entr'ouvre la porte du jeune homme, le voit mourir, et se renverse en arrière, glissant le long de la rampe, venant tourner et s'abattre à l'avantscène. L'escalier, toujours l'escalier.

Admettez un instant que l'escalier n'existe pas, faites jouer tout cela à plat, et demandezvous ce que deviendra l'effet. L'effet diminuera de moitié, la pièce perdra le peu de vie qui lui reste. Voyezvous Ketty Bell ouvrant une porte au fond et reculant? Ce serait fort maigre. Voilà donc l'accessoire élevé au rôle de personnage principal. Et je pensais au cerisier vrai qui porte de vraies cerises, dans l'Ami Fritz. L'aton assez foudroyé, ce cerisier! La ComédieFrançaise s'était déshonorée en le plantant sur ses planches. La profanation était dans le temple. Mais il me semble, à moi, que la profanation y était depuis quarantedeux ans, car l'escalier sort tout à fait de la tradition.

Je dirai même que cet escalier n'est pas excusable, au point de vue des théories théâtrales. Il n'est nécessité par rien dans la pièce, il n'est là que pour le pittoresque. Pas une phrase du drame ne parle de lui, aucune indication de l'auteur ne le rappelle. Au contraire, dans l'Ami Fritz, le cerisier a son rôle marqué; il donne un épisode charmant. On raconte que l'escalier est une invention, une trouvaille de madame Dorval. Cette grande artiste, qui avait certainement le sens dramatique très développé, avait dû très bien sentir la pauvreté scénique de Chatterton; elle ne savait comment dramatiser cette élégie monotone. Alors, sans doute, elle eut une inspiration, elle imagina l'escalier; et j'ajoute qu'un esprit rompu aux effets scéniques pouvait seul inventer un accessoire dont le succès a été si prodigieux. A mon point de vue, c'est l'escalier qui joue le rôle le plus réel et le plus vivant dans le drame.

Certes, le drame est très purement écrit. Mais cela ne me désarme pas. Cette langue correcte est aussi factice que les personnages. On n'y sent pas un instant la vibration d'un sentiment vrai. Il y a deux ou trois cris qui sont beaux; le reste n'est que de la rhétorique, et de la rhétorique dangereuse et ennuyeuse. Le public a formidablement baillé.

Je remercie cependant la ComédieFrançaise d'avoir remonté Chatterton. J'estime qu'on rend un grand service à noire génération littéraire, en lui montrant le vide des succès romantiques d'autrefois. Que tous les drames vieillis de 1840 défilent tour à tour, et que les jeunes écrivains sachent de quels mensonges ils sont faits. Voilà les guenilles d'il y a quarante ans, tâchez de ne plus recommencer un pareil carnaval, et n'ayez qu'une passion, la vérité. Cellelà ne vous ménagera aucun mécompte; on ne rira, on ne baillera jamais devant elle, parce qu'elle est toujours la vérité, celle qui existe.

## II

Le théâtre de la PorteSaintMartin, auquel appartient la propriété du répertoire de Casimir Delavigne, paraît user de cette propriété avec la plus grande prudence. Il attend l'été, les lourdes chaleurs, qui vident toutes les salles, pour hasarder un drame en vers, bien convaincu que les recettes sont compromises à l'avance et que la prose ellemême devient d'une digestion impossible. Casimir Delavigne est simplement là pour boucher un trou, entre une pièce à spectacle, comme le Tour du monde en 80 jours, et un mélodrame populaire, comme les Deux orphelines.

Et telle est, au bout de trente ans, la gloire d'un poète acclamé, d'un académicien, d'une personnalité littéraire, considérable en son temps, qui a contrebalancé autrefois les succès de Victor Hugo! Il y a là matière à de sages réflexions. On se demande où l'on jouera dans trente ans les pièces applaudies cette année sur nos grandes scènes, signées de noms retentissants, déclarées de purs chefsd'oeuvre par la bourgeoisie qui tient à suivre la mode. Évidemment, on les jouera l'été, sur des planches encanaillées par les féeries et les pièces militaires; et les banquettes ellesmêmes bâilleront.

J'estime qu'on est bien sévère pour Casimir Delavigne. Autour de moi, pendant la représentation de Louis XI, j'ai entendu des ricanements, des plaisanteries, toute une «blague» préméditée. Vraiment, des critiques, qui ont discuté sérieusement et sans se fâcher les Danicheff et l'Étrangère, des écrivains qui trouvent du génie à M. Dumas fils et qui lui accordent en outre de l'esprit, sont singulièrement mal venus de traiter avec cette légèreté une oeuvre de grand mérite, dont certaines parties sont fort belles en somme. Il n'y a pas aujourd'hui un seul de nos auteurs dramatiques qui pourrait composer un acte aussi large que le quatrième acte de Louis XI.

Certes, la tragédie classique est morte, le drame romantique est mort. Qu'ils reposent en paix, ce n'est pas moi qui demanderai leur résurrection! Casimir Delavigne a, dans notre histoire littéraire, une situation d'autant plus fâcheuse, qu'il a voulu rester en équilibre entre les deux formules, demeurer le petitneveu de Racine et devenir le filleul de Shakespeare. Le génie ne s'accommode jamais de ces arrangements; il est extrême et entier. Tout concilier, croire qu'on atteindra la perfection en prenant à chaque école ses meilleurs préceptes, conduit droit au simple talent, et même au très petit talent. Un tempérament d'écrivain original ne choisit pas; il crée, il marche à l'intensité la plus grande possible des notes personnelles qu'il apporte. Mais si Casimir Delavigne nous apparaît aujourd'hui ce qu'il est réellement, un arrangeur habile, un esprit souple et intelligent, il n'en est pas moins d'une étude intéressante et il n'en reste pas moins très supérieur aux arrangeurs de notre époque.

Et voyez l'aventure, ce qui fait sourire maintenant dans ses oeuvres, ce sont justement la rhétorique classique et la rhétorique romantique, tout le clinquant littéraire des modes d'autrefois. Les vers, par moment, sont abominablement plats, alourdis de périphrases, d'une banalité de mauvaise prose; là est l'apport classique. Quant à l'apport romantique, il est aussi fâcheux, il consiste dans la stupéfiante façon de présenter l'histoire et dans l'étalage grotesque des guenilles du moyen âge. Rien ne me paraît comique comme les romantiques impénitents d'aujourd'hui, qui ricanent à une reprise de Louis XI. Eh! bonnes gens, ce sont justement les panaches et les mensonges en pourpoint abricot de 1830, qui ont vieilli et qui gâtent l'oeuvre à cette heure!

Je ne parle pas des anachronismes qui font de Louis XI le plus singulier cours d'histoire qu'on puisse imaginer; il est entendu que l'anachronisme est une licence nécessaire, sans laquelle toute composition dramatique se trouverait entravée. Mais je parle de la grande vérité humaine, de la vérité des caractères. Le Louis XI de Casimir Delavigne, assassin, fou, lugubre, est une figure ridicule, si on le, compare au véritable Louis XI, que la critique historique moderne a su enfin dégager des brouillards sanglants de la légende. Il est vu à la manière romantique, une manière noire, avec des clairs de lune par derrière, éclairant des gibets, avec des donjons et des tourelles, des ferrailles et des poignards, tout un tra la la de grand opéra. La vérité se trouve à chaque scène sacrifiée à l'effet, les personnages ne sont plus que des pantins qui montent sur des échasses pour paraître des colosses. C'est ainsi que Casimir Delavigne a transformé en un héros de ballade le grand roi si énergique et si habile qui travailla un des premiers à la France actuelle.

Nous sommes ici dans la question grave, dans le mouvement fatal de science qui doit peu à peu influer sur notre théâtre et le renouveler. Pendant que le romantisme combattait pour la liberté des lettres et substituait fâcheusement une rhétorique à une rhétorique, il ne s'apercevait pas que, parallèlement à lui, les sciences critiques marchaient et devaient un jour le dépasser et le vaincre, commeil venait de vaincre l'esprit classique. Il a conquis la liberté de tout écrire, rien de moins, rien de plus; il a été une insurrection nécessaire. On peut indiquer ainsi les trois phases: règne classique, épuisement de la langue, immobilité des formules, mort lente des lettres; règne romantique, révolution dans les mots, déclaration des droits illimités de l'écrivain, bataille des opinions et fondation d'une nouvelle Église; règne naturaliste, plus d'Église d'aucune sorte, création d'une méthode, enquête universelle à la seule clarté de la vérité.

Ce qui rend aujourd'hui certaines oeuvres romantiques presque comiques, ce qui fait que la jeune génération les trouve si vieilles et ne peut les lire sans un sourire, c'est que la critique a marché, que l'histoire vraie commence à se dégager des documents, que nous nous sommes mis à étudier l'homme et à en connaître les ressorts. Interrogez les jeunes gens de vingtcinq ans, demandezleur ce qu'ils pensent des plus grands poètes romantiques, ils vous répondront que la lecture leur en est devenue impossible et qu'ils sont obligés de se rejeter sur Stendhal et Balzac; car ce qu'ils cherchent, avant tout, c'est la science exacte de l'homme. Cela est un symptôme décisif. Évidemment, pour tout esprit juste, le mouvement naturaliste s'accentue, le besoin de méthode s'est propagé des sciences à la littérature; on ne peut plus mentir, sous peine de n'être pas écouté.

J'insiste, on ne doit pas chercher ailleurs les causes de la mort du drame. L'esprit moderne, façonné à la vérité, ne tolère plus au théâtre, même à son insu, les contes à dormir debout qui amusaient nos pères. Certes, le drame historique peut renaître, mais il faudra qu'il soit vrai, qu'il ressuscite l'histoire et ne la mette pas en complainte pour les petits et les grands enfants. Dès qu'un auteur dramatique se dégage des draperies de convention et pousse un cri de vérité humaine, un frémissement passionne la salle. Le trait restera éternel, on l'applaudira toujours, en dehors des modes littéraires.

La représentation de Louis XI à la PorteSaintMartin a été caractéristique. Rien n'est long et pénible comme les trois premiers actes. Casimir Delavigne les a employés à peindre un Louis XI légendaire, une figure sombre dans laquelle la cruauté domine, malgré les touches familières et comiques. Je ne parle pas de la fable romanesque, de ce Nemours dont le père a été assassiné sur l'ordre de Louis XI, et qui revient à la cour comme ambassadeur de Charles le Téméraire, avec des pensées de vengeance. Cette fable, compliquée des tendresses de Nemours et de Marie de Comines, n'a d'autre intérêt que de ménager une belle scène au quatrième acte. Les personnages entrent, disent ce qu'ils ont à dire, puis s'en vont. On ne peut guère détacher que la scène où Louis XI vient assister aux danses des paysans et la scène dans laquelle Nemours, accomplissant sa mission, jette aux pieds du roi son gant, que le dauphin relève.

Mais, je l'ai dit, le quatrième acte garde encore aujourd'hui une belle largeur. Louis XI se traînant aux genoux de François de Paule, le suppliant de prolonger son existence par un miracle, puis confessant ses crimes; et ensuite Nemours apparaissant un poignard à la maintenant le roi grelottant de peur, lui laissant la vie comme vengeance: ce sont là des situations superbes et profondes qui ont de l'au delà. Même les vers prennent plus de concision et de force, s'élèvent, sinon à la poésie, du moins à la correction et à la netteté. Il faut citer encore la mort de Louis XI, au cinquième acte, l'épisode emprunté à Shakespeare du roi agonisant qui voit le dauphin, la couronne sur la tête, jouer déjà son rôle royal.

# III

Je parlerai de deux reprises, celles de la Tour de Nesle et du Chandelier, qui me paraissent soulever d'intéressantes réflexions, au point de vue de la philosophie théâtrale.

L'Ambigu, éprouvé par une longue suite de désastres, a eu l'excellente idée de rouvrir ses portes en jouant la Tour de Nesle, dont le succès est toujours certain. La fortune de ce drame est d'être une pièce typique, contenant la formule la plus complète d'une forme dramatique particulière. En littérature, aussi bien au théâtre que dans le roman, l'oeuvre qui reste est l'oeuvre intense que l'écrivain a poussé le plus loin possible dans un sens donné. Elle demeure un patron, la manifestation absolue d'un certain art à une certaine époque.

Que l'on songe au mélodrame de 1830, et aussitôt l'idée de la Tour de Nesle vient à l'esprit. Elle est encore à cette heure le modèle indiscuté d'une forme dramatique qui s'est imposée pendant de longues années; et même aujourd'hui que cette forme est usée, la pièce conserve presque toute sa puissance sur la foule. Telle est, je le répète, la fortune des oeuvres typiques.

La formule que représente la Tour de Nesle est une des plus caractéristiques dans notre histoire littéraire. On pourrait dire qu'elle exprime le romantisme intransigeant et radical. Je ne connais pas de réaction plus violente contre notre théâtre classique, immobilisé dans l'analyse des sentiments et des passions. Le théâtre de Victor Hugo laisse encore des coins aux développements analytiques des personnages. Mais le théâtre de MM. Dumas et Gaillardet coupe carrément toutes ces choses inutiles et s'en tient d'une façon stricte aux faits, à l'intrigue nouée de la façon la plus puissante, sans avoir le moindre égard à la vraisemblance et aux documents humains.

En somme, cette formule peut se réduire à ceci: poser en principe que seul le mouvement existe; faire ensuite des personnages de simples pièces d'échec, impersonnelles et taillées sur un patron convenu, dont l'auteur usera à son gré; combiner alors l'armée de ces personnages de bois de façon à tirer de la bataille le plus grand effet possible; et aller carrément à cette besogne, ne pas faire la petite bouche devant les mensonges monstrueux, agir seulement en vue du résultat final, qui est d'étourdir le public par une série de coups de théâtre, sans lui laisser le temps de protester.

On connaît le résultat. Il est réellement foudroyant. Le public suit la terrible partie avec une émotion qui augmente à chaque tableau. Ce spectacle tout physique le prend aux nerfs et au sang, le secoue comme sous les décharges successives d'une machine électrique. Une fois engagé dans l'engrenage de cet art purement mécanique, s'il a livré le bout du doigt au prologue, il faut qu'il laisse le corps entier au dernier acte. La langue étrange que parlent les personnages, les situations stupéfiantes de fausseté et de drôlerie, rien n'importe plus. On assiste à la pièce, comme on lit un de ces romansfeuilletons dont les péripéties vous empoignent et vous brisent, à ce point qu'on ne peut s'en arracher, même lorsqu'on en sent toute l'imbécillité. Mais qu'arrivetil quand on a terminé la lecture d'une telle oeuvre? On jette le roman, dégoûté et furieux contre soimême. Quoi! on a pu perdre son temps dans cette fièvre de curiosité malsaine! On s'essuie la face comme un joueur qui s'échappe d'un tri.